시골땅 집짓기
성공해부학

일러두기

1 2021년 3월 법령 기준으로 작성되었습니다.
2 상위법(모법) 기준이며, 지방자치단체의 조례에 따라
  적용 범위가 달라질 수 있습니다.
3 ㎡당 면적을 평으로 환산할 때 소수점을 반올림 했습니다.
4 용어설명은 「대한건축학회 온라인 건축용어사전」을 참고했습니다.
5 위성사진은 「국토교통부 국토지리정보원」에서 제공받았습니다.
6 주택 사진은 '행복집짓기-품건축'에서 설계하고 시공했습니다.

99% 성공하는 집짓기 노하우

시골땅 집짓기 성공해부학

김용만 박은일 정해광 지음
도서출판 품 기획

추천사

집짓기, 아는 만큼 즐겁다!
고려대학교 환경생태공학과 이우균 교수

즐거운 내 집짓기

남양주시 조안면 시우리에 땅을 산 것이 2009년이다. 다음 해 12월 집을 짓기 시작해서 2011년 6월에 입주했으니 집 짓는 기간은 딱 6개월이다. 집이나 땅에 대해서 아는 것도 없이 시작했다.

경제적인 이유도 있었지만 살아 있는 나무를 잘라내면서까지 공사하는 게 싫어서 훼손된 상태의 경사진 긴 땅(20m 폭, 50m 길이)을 샀다.

돌이켜보면 무모하기 이를 데 없던 시도였지만 뜻밖의 결과를 안겨주었다. 경사지에 3단으로 집을 지으면서 각 단의 공간을 반지하인 형태로 하고, 그 위(옥상)에는 흙을 덮어 옥상정원을 만들었다. 모든 공간이 지하인 용적률 0%인 집이 태어났다. 그뿐 아니라 자연훼손을 최소화하고, 태양광, 지열 등의 에너지절감 집으로 남양주시-경기도-전국에서 차례로 친환경건축상까지 받았다.

그 당시 이 책의 내용을 하나도 모르는 상태에서 땅을 사고 집을 지었다. 사실은 땅은 덜컥 샀는데 어떻게 할지 몰라 전적으로 전문가에게 의뢰했다. 상도 많이 받은 집답게 꽤 괜찮게 지은 집으로 지금까지도 잘 살고 있다.

이런 결과가 가능했던 것은 책임 있는 전문가를 만났기 때문이다. 어떻게 하든 내 힘으로 지어보겠다고 욕심을 부렸다면 중간에 포기했거나, 10년은 더 늙었을 만큼 죽을 정도로 고생했을 것이다. 전문가를 든든한 내 편으로 삼을 수 있었던 것이 나에게는 행운이었다. 전문가는 땅과 집에 대해 하나도 모르는 나를 대신하여 내 뜻을 반영하여 멋지고 실용적인 우리 집을 완성했다.

'성공해부학'이라는 단어는 다소 차갑다. 그러나 '재미를 맛보는'을 앞에 붙이면 내 곁으로 확 다가온 느낌이다. 성공을 돈이 아니라 재미로 보면 해석도 쉽고 읽으면서 재미를 맛보고 싶을 것이다.

서울의 수직 주택은 다 지어 놓은 집에 들어가는 것이다. 집짓는 재미는 아예 생각도 할 수 없다. 주인임에도 집의 편리성과 가치성 같은 것에만 참여할 뿐이다. 시골집의 재미는 시골땅 사는 단계부터 집짓는 과정에 내가 직접 참여하여 활동하는 즐거움을 경험한다. 남이 지어 놓은 집에 들어가는 것과는 차원이 다른 재미다.

모든 재미는 내가 아는 만큼 또는 내가 할 수 있는 만큼 즐길 수 있다. 모르거나 할 수 없는데 해야 하는 것은 재미가 아니라 고생이다. 시골땅을 사서 집을 지으려면 먼저 시골땅과 집짓는 것에 대해 알아야 한다. 아니면 그를 할 수 있어야 한다.

할 수 있는 사람은 이 책의 저자와 같은 이 분야의 전문가이다. 프로페셔널한 전문가는 그것으로 돈을 번다. 우리가 그렇게 할 수는 없는 것이다. 그러면 그것을 할 수 없는 우리가 할 수 있는 것은 '알아야 하는 것'이다. 축구에 비하면 축구를 잘하는 프로는 우리는 될 수 없다. 그러나 축구를 알면, 그것을 즐길 수 있는 원리다. 그 즐기는 과정에서 아나운서와 해설자가 재미를 증폭시켜 주는 역할을 이 책이 하는 것이다. 즉 운동장(시골땅)에서 축구를 하는(집짓는)데 재미를 더해주는 아나운서와 해설자가 '시골땅 집짓기 성공해부학'이다.

'성공해부학'은 용어적으로 다소 맘에 들지 않는다. 그러나 '재미를 맛보는'을 앞에 붙이면 훌륭한 용어로 탈바꿈한다. 성공이 돈이 아니라 재미로 보면 해석이 쉬워지고, 재미를 위해 읽어야 되겠다는 생각이 들것이다.

최근 '자영'으로 집을 증축했는데, '자영'은 할 일이 아니란 걸 깨달았다. 큰 틀은 안다고 생각했는데 '디테일'에서 밀린다. 집 짓는 데는 이 책에서 다루는 내용 그 이상으로 세세한 것들이 있었다.

축구 경기를 볼 때 선수의 활동과 함께 감독의 용병술도 평가한다. 시골에 땅을 사서 집을 지으면서 재미의 성공을 누리려면, 직접 건축하는 것은 전문가에게 맡기고 총감독을 내가 하면 된다.

도시 집은 도시답게, 시골집은 시골답게

우리나라는 인구 대비 나라 면적이 좁은 '고밀도 사회'다. 5천만 인구가 10만 km^2, 즉 $1km^2$당 500명이 산다. 도시면적은 국토의 약 10%인데, 인구의 90% 이상이 살고 있어 도시 인구 비율이 매우 높다. 따라서 도시에서는 아파트 같은 수직빌딩에 집을 넣을 수밖에 없다.

도시와 농촌(시골)의 차이는 어느 것을 기준으로 하느냐에 따라 다르겠지만, 수직빌딩이 차지하는 비율도 도시와 농촌을 구분하는 기준의 하나가 될 수 있다. 농사에서도 땅을 기반으로 하는 노지의 수평농사와 도시에서 수직빌딩에서 농사를 짓는 수직농업이 있다. 수평-수직의 차이는 땅을 얼마만큼 쓰고, 의존도가 얼마나 되는가 일 것이다.

'시골땅 집짓기'는 아파트에 비해 넓은 땅에 수평의 집을 짓는 것이어서 땅에 대한 의존도가 높은 것이다. 이를 역으로 해석하면, 땅은 비교적 넓어야 하고 집은 가능한 낮아야 한다.

좁은 땅에 높은 집을 짓는 것은 '시골스럽지' 못하다. 좁은 땅 대부분을 집 짓는 데 할애하거나 포장해서 자연 그대로의 땅을 여유롭게 확보하지 않는 것도 '시골스럽지' 못하다. 결국, 집을 높지 않게 지으면서, 불투수 포장을 최소화하고, 자연의 땅을 여유 있게 확보해야 시골스러움을 유지하는 '시골땅 집짓기'가 된다.

'성공해부학'의 책은 그런 시골땅 집짓기를 위한 지침서이다. 이 책은 건축주가 전문가들과 동등한 위치에서 소통하면서 즐겁게 집을 짓게 한다. 살아가면서 집 곳곳에서 그 흔적이 보일 때마다 그때의 일들이 떠올라 저절로 행복해진다. 다소 불편하더라도 시골집에 사는 행복을 침해당하지 않게 될 것이다.

나는 경사지에 자연훼손을 최소화하면서 높지 않게 집을 지으면, '옆집들도 우리 집처럼 높지 않게 지을 것이다'라고 기대를 했다. 그러나 그렇지 않은 모습으로 집 주변에 높게 지은 새집들이 들어서는 것을 보고 실망이 컸다. 더 속상한 것은 주변의 그러한 집짓기가 이 책이 나오기 이전에 이루어졌다는 것이다. 나에게는 이 책이 너무 늦게 나왔다.

프롤로그
예비 건축주를 위해 준비한 꽃길

최근 도시와 가까운 시골땅 혹은 도시를 떠나 귀농·귀어·귀산해서 집 지을 땅을 알아보는 사람이 늘고 있다. 도시지역에서 집 짓는 것과 시골에서 집 짓는 방법이 다른데, 대체로 그 차이를 정확하게 알지 못하고 시골에 내려간다.

집 한 채 지으려고 했더니 여러 가지 문제로 스트레스를 받는다. 귀동냥으로 들은 평당 집짓기 가격으로 예산 문제가 생기고, 면적을 너무 키워 공사비가 올라가는 상황이 발생한다. 집 짓고 나서는 마을에 적응하지 못해 다시 도시로 돌아오는 경우도 있다.

싸고 좋은 집은 없다

매월 넷째 주 토요일, 예비 건축주와 토지주를 대상으로 행복집짓기 강좌를 한다. 참석한 사람들은 집짓기가 처음인 사람, 한번 실패한 사람, 친구 따라온 사람 등 다양하다. 그중 집짓기를 했다가 한번 실패한 사람들의 반응이 가장 마음 아프다. '아, 제가 그래서 당했군요.' '맞아요! 그런 적 있어요' 등의 말을 듣는다.

그렇게 된 이유는 두 가지로 요약되는데 첫째, 건축주는 무턱대고 집을 짓고, 둘째, 전문가는 건축주에게 집짓기의 종합적인 진행

과정과 방법을 충분히 설명해 주지 않아서다.

평당 400만 원 하던 집짓기 비용이 다 짓고 나면 평당 600만 원이 되었다고 한다. 처음 견적금액과 달라 건축주는 사기당한 느낌을 갖는다. 건축업자는 다른 업체보다 저렴하지 않으면 집을 짓지 않으니 일단 최초 비용이라도 저렴하게 해서 눈길을 끄는 전략을 취한다. 서로 돈에 집중하다가 정작 중요한 것을 놓친다.

싸고 좋은 집은 없다. 하지만 가심비 (가격 대비 성능과 심리적 만족도) 높은 집은 만들 수 있다. 내가 가진 예산 안에서 만족할 수 있는 집을 지어야 집 짓고 잘 살 수 있다. 시골에 땅을 산 이유, 집짓기를 결심한 이유, 자연이 좋은 이유, 전원생활의 로망, 마음에 들었던 공간 등 집짓기는 일단 감성적으로 먼저 생각해 보자.

돈, 돈, 돈 고민은 이제, 그만!

예산관리는 성공하는 집짓기의 필수요건이다. 집 지을 때 토지, 건축 규모와 예산을 최소화하는 전략이 중요하다. 기획 단계에서 철저히 계획해서 정확한 예산과 불필요한 예산 낭비를 줄여야 한다. 반복되는 과정만 줄여도 집짓기 비용은 절감된다.

토지비용과 건축비용만 대충 얼마면 되겠지 하고 예산을 책정하면 집을 지을 때 예상치 못한 지출이 생긴다. 집짓기에는 토지·설계·공사비만 있는 것이 아니다. 세금도 만만치 않게 들어간다. 모든 금액을 합치면 원래 생각했던 예산보다 20~30% 상승하고, 건축주는 상당 부분 부담을 느낀다.

이 책을 읽고 집짓기를 포기할지도 모른다. 그래도 비용을 세세하게 적은 이유는 결국 건축주가 내야 하는 비용이기 때문이다. 모르고 있다가 나중에 돈을 내면 사기당하는 기분이 들지만, 책을 통해 알게 된 내용이라면 준비하는 데 무리가 없을 것이다.

집짓기 어벤져스를 꾸리자

땅을 사서 설계사무소에 가면 개발행위허가가 필요한 땅이라며 토목설계사무소로 가라고 할 때가 있다. 지금까지 소규모 주택시장은 이처럼 토목설계 따로 건축설계 따로 했다.

따로 설계하다 보면 대지 경계와 집이 가까워 도로의 소음이 들릴 수도 있고 옹벽이 집과 너무 가깝거나 높거나 해서 불편한 문제들이 발생하곤 한다.

이를 예방하기 위해 기획할 때부터 전문가와 건축주가 모여 집짓기의 전체적인 방향을 정한다. 건축설계사무소, 토목설계사무소, 토목시공사, 건축시공사가 한 팀처럼 움직여야 한다.

준비는 아는 만큼 할 수 있다

성공하는 집짓기를 위해 건축주는 해야 할 공부도 많고 준비도 많이 해야 한다. 어쩌면 평생 단 한 번의 기회, 오랫동안 살 집을 짓는 일이다. 잘해야 하고, 완벽하게 해야 하고 그렇게 하고 싶다.

싸고 좋은 집이 없듯이 완벽한 집도 없다. 집 지으면서 고생도 많이 하고, 어려운 일도 겪고, 마음도 다치고, 마을 주민과 다툼이 생길지도 모른다. 사람마다 생각이 다른데 어떻게 다 내 마음 같을까. 이러한 상황을 예상하고 맞닥뜨릴 때와 모르는 상태에서 느닷없이 닥쳤을 때의 대처방안은 다르다. 아는 만큼 준비할 수 있고, 준비한 만큼 돌발 상황에 지혜롭게 대처할 수 있다.

'시골땅 집짓기 성공해부학'을 통해 몰라서 억울한 일을 당하는 건축주가 없기를 바란다. 이 책은 언제든 펼쳐보는 순간 건축주의 친절한 동반자가 되어줄 것이다.

채워家

달 밝은 한밤중
월야정(月夜庭)항아리

북극성 따다
매화꽃 따다
물 채워 담아두면
그 향기 가득하겠네

여보게,
차향(茶香) 넘실대는 월야정에서
차 한잔 하고 가시게나

오래전 숨겨둔
진귀한 차가 있다네

— 생태건축가 김용만

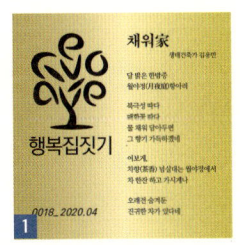

1 행복집짓기는 준공허가가 나면 집 이름과 함께 시 현판을 전달한다.

2 행복집짓기 18호 '평택 채워家' 옥상정원 '월야정(月夜庭)'

	6	**추천사** 집짓기, 아는 만큼 즐겁다!
	10	**프롤로그** 예비 건축주를 위해 준비한 꽃길

Chapter 1 내 집 짓고 여유롭게 살고 싶다

	20	오래된 시골 곰탕집, 헐고 지었어요!
	34	시골에 집 지어서 잘 살 수 있을까요?
	37	만족 할 수 있는 집 지을 수 있을까요?
	42	시골땅과 도시 땅 무엇이 다른가요?

Chapter 2 '이것'과 함께 라면 99% 성공할 수 있다

	50	어떻게 시작할까요?
[필수]	56	집짓기 상담해 줄 곳 없나요?
[필수]	60	스트레스 덜 받고 집 짓는 방법 있나요?
	65	제가 할 일은 무엇인가요?
	67	집짓기 전, 알아야 할 것이 있나요?
	69	누구와 일해야 만족할 수 있을까요?
	72	평 당 얼마예요?
	76	**tip.** 집짓기 단계별 예산 항목

Chapter 3 집짓기 좋은 땅을 찾았다

	80	내 땅 정보는 어디서 얻나요?
[필수]	84	땅 사기 전 도로 폭을 확인하세요!
[필수]	88	땅 사기 전 배수로 위치를 확인하세요!
[필수]	93	산을 살 때는 경사도를 확인하세요!
	95	몇 평까지 지을 수 있나요?
	100	옆집 햇빛을 가리지 않는지 확인하세요!
	101	주차 대수를 확인하세요!
	102	땅 몇 평 사서, 집 몇 평을 지을까요?
	104	tip. 4인 가족을 위한 추천 면적

Chapter 4 살수록 좋은 집에는 이야기가 있다

108	좋은 설계는 뭐가 다른가요?
114	집짓기 평 당 500만 원, 사실인가요?
116	경사지 잘 활용하는 방법 있나요?
122	지하에 집 지으면 곰팡이 생기지 않나요?
124	시골땅 집은 어떻게 설계해요?
133	전원주택은 전기·가스비 많이 들지 않아요?
137	웃풍 없는 집 지을 수 있나요?
141	뽀뽀이 창에서 벗어날 방법 있나요?
144	콘크리트 옹벽과 보강토 무엇이 좋을까요?
148	목조주택과 철근콘크리트 주택 무엇이 좋을까요?
152	tip. 집짓기 추정예산

Chapter 5 비싼 재료가 무조건 좋은 건 아니다

- 158 PE 배수관과 콘크리트 배수관 뭐가 다른가요?
- 160 도로포장은 뭐가 좋을까요?
- 162 어떤 지붕 자재를 선택할까요?
- 164 외벽 마감은 뭐가 좋을까요?
- 176 실내 바닥은 어떤 걸 선택하죠?
- 179 벽지와 페인트는 무엇이 다른가요?
- 182 벽과 바닥타일 어떤 걸 사용할까요?
- 186 인테리어 포인트로 목재 어때요?
- 187 폴딩도어 설치할까요?
- 188 신재생에너지로 전기 사용료 줄일 수 있나요?
- 190 tip. 재료 선택이 어려울 때

Chapter 6 허가받을 때는 인내심이 필요하다

- 194 허가 받는데 시간 얼마나 걸려요?
- 197 옆집은 허가 받았는데 제 땅은 왜 안되죠?
- 199 개발행위허가 꼭 받아야 하나요?
- 203 건축허가 어떻게 받아요?
- 205 지적도에 적힌 땅 면적이 줄기도 하나요?
- 206 밭, 논에 집 지으려면 농지보전부담금을 내야 하나요?
- 210 산에 집 지으려면 대체산림자원조성비를 내야 하나요?
- 214 도로와 땅이 맞닿아 있는데 허가 받을 수 없다고요?
- 217 비닐하우스와 담장 설치 불법인가요?

Chapter 7 공사는 '이것'과 함께 해야 덜 답답하다

- 222 도면 꼼꼼하게 확인했나요?
- [필수] 224 공사 전 준비해야 할 것이 있나요?
- [필수] 229 집 짓다가 사고 나면 어떡하죠?
- 234 직접 공사할까요, 업체에 다 맡길까요?
- 240 이웃 민원은 어떻게 대처하나요?
- 244 견적서 어떻게 보나요?
- 250 tip. 집짓기 설계부터 준공까지

번외 아름다운 타운하우스를 만들자

- 254 누구나 살고 싶은 타운하우스 어떻게 만들까요?
- 268 tip. 공구리가 뭐죠? 현장에서 쓰는 말

Chater.1

내 집 짓고 여유롭게 살고 싶다

행복집짓기 1호 '일연재' 데크에서 바라본 마당

오래된 시골 곰탕집, 헐고 지었어요!

어머니가 운영하시던 식당을 물려받아 평택에서 '장수가마솥곰탕'을 개업한 강승기입니다. 2020년 한 해는 건물 짓는 일에 심혈을 기울였습니다. 처음 해 보는 일이라 어려움도 많고, 고생도 많이 했습니다.

집 짓는 분들에게 조금이라도 도움이 되고자 제 경험담을 풀어놓습니다.

불편한 집을 허물고

이전 가게는 식당과 집을 같이 사용해서 불편했다. 직원이 쓰는 화장실에서 샤워했고, 단열이 잘 안되어 여름에는 덥고 겨울에는 추웠다. 화목보일러를 사용했는데 집안에 항상 땔감이 있어 어수선한 건 물론 불이 난 적도 있었다.

배수도 문제였다. 화장실에서 쓴 물이 다른 집으로 흘러갔고, 다른 집 물이 우리 집으로 흘러들어왔다. 우리 집 물이 다른 집으로 들어가기도 하니 민원을 낼 수도 없었다. 하루종일 지하실에 고인 물을 퍼다 버린 적도 있었다.

그러던 중 어머니의 허리가 안 좋아지면서 가게를 쉬게 되었다.

1 철거전
2 새로 지은 장수가마솥곰탕

식당을 접으려고 했는데 가족 모두 지금까지 해 온 것을 아까워했다. 고민 끝에 내가 어머니 뒤를 이어 곰탕집을 운영하기로 했다.

나를 이해해 주는 사람

새로운 시작을 위해 식당을 허물고 새로 짓기로 했다. 설계를 해야 하는데 건축이나 건설 쪽에 사기꾼이나 날치기가 많다는 말을 들어 걱정이 되었다. 우선 주변 소개를 받아 설계, 공사, 인테리어, 집기구매까지 총예산 4억 원에 맞춰 설계해 줄 설계사무소를 찾았다.

처음 설계 상담한 곳은 마음에 들지 않았다. 세로로 긴 땅, 안쪽 끝에 식당이 있었는데, 들어오는 손님들이 "영업하시나요?" 하고 물어보는 것이 불만이었다. 원래 건물이 있던 자리에 그대로 하자는 게 만족스럽지 않았다.

며칠 뒤 어머니 아시는 분으로부터 소개를 받았다. 처음 미팅하는 자리에서 그분은 스케치를 했다. 'ㄱ' 자 형태로 배치해서 식당을 앞쪽에 두었다. 입구라는 인식을 강하게 하려고 건물 들어오는 입구에 큰 조형물을 설치하면 좋겠다는 의견을 주었다.

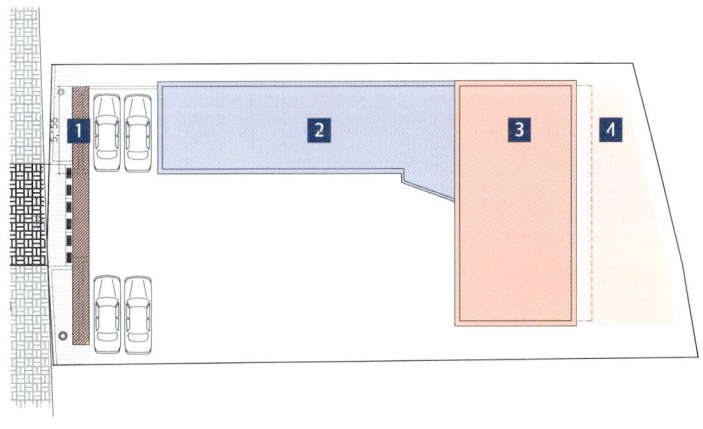

1 입구 간판
2 식당
3 숙소공간
4 뒷마당(텃밭)

3D 시뮬레이션으로 본 공간

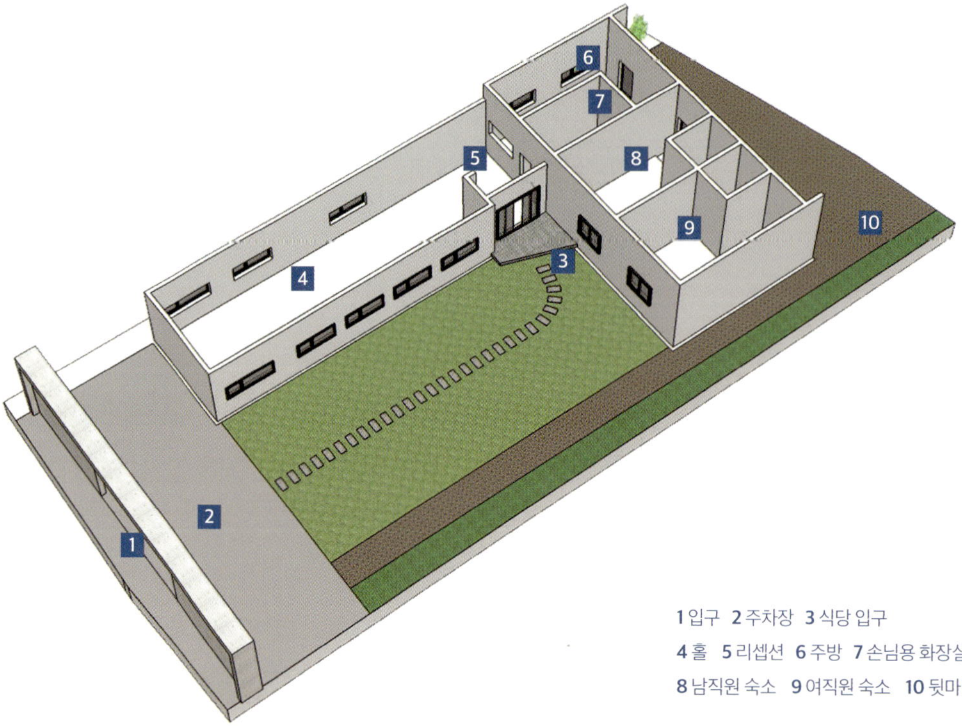

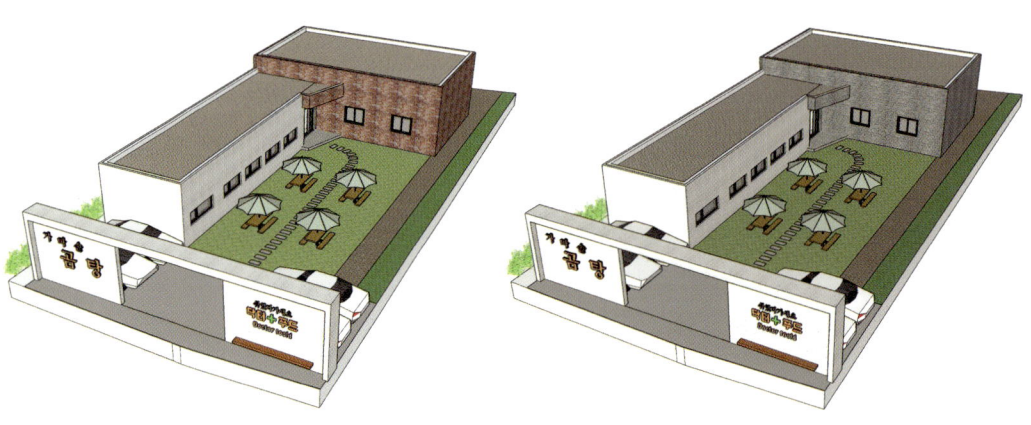

1 입구 2 주차장 3 식당 입구
4 홀 5 리셉션 6 주방 7 손님용 화장실
8 남직원 숙소 9 여직원 숙소 10 뒷마당(텃밭)

1안 (노출콘크리트 + 적고벽돌)

최종선택 (노출콘크리트 + 청고벽돌)

완성된 스케치를 보니 내가 하고 싶었던 것이 다 있었다. '이분에게 설계를 맡기면 잘 해주시겠구나'라는 확신이 들었다.

대화하고 설계, 수정하고 대화, 그리고 또 대화

예산에 맞춰 큰 틀을 잡은 후 여러 가지 설계안이 나왔다. 미팅, 설계, 수정을 여러 차례 반복하면서 2개월 정도 걸렸다.

식당은 앞쪽으로 빼서 잘 보이게 했고, 사생활이 보호되어야 하는 숙소는 안쪽으로 배치했다. 이전 가게 구조와 달리 직원들을 위해 식당과 숙소를 완벽하게 구분하고, 문도 따로 달았다. 폴딩도어로 열고 닫을 수 있는 가변형 공간을 만들어 단체 고객을 위한 자리를 마련했다.

여러가지 외부재료를 3D 시뮬레이션 했고, 입체적인 공간을 봤다. 평면으로는 잘 이해 가지 않았는데 3D 파일로 보니 훨씬 알기 쉬웠다. 외부재료는 현대적이고 깔끔한 느낌이 좋아서 철근콘크리트와 청고벽돌을 선택했다.

식당임을 한눈에 알아볼 수 있도록 땅과 인도 사이에 큰 입구를 만들었다. 간판을 설치하고 조명을 비추니 그럴듯했다.

농지에 집을 지으려면

1층 면적을 넓게 짓기 위해 3필지로 나뉘어 있던 땅을 하나로 합쳤다. 지목 상 '대지'가 아니면 건축할 수 없는데, 세 필지 중 두 개 (272-5, 272-14)가 지목 상 대지가 아닌 '농지(전, 답)'였다. 필지를 합쳐서 건축하기 위해서는 농지(전, 답)에 대한 개발행위허가를 받아야 하는데, 이때 '농지보전부담금'이 발생했다. 272-5 '답'이고, 272-14 '전'인 두 필지의 합계면적은 $308m^2$(93평), 농지보전부담금 1,540만 원을 냈다.

필지
땅을 지칭하는 가장 작은 단위로 하나의 지번이 붙은 하나의 토지다.

지목
땅의 용도를 구분한다. 용도에 따라 논, 밭, 과수원, 대지, 도로, 잡종지 등으로 나눈다.

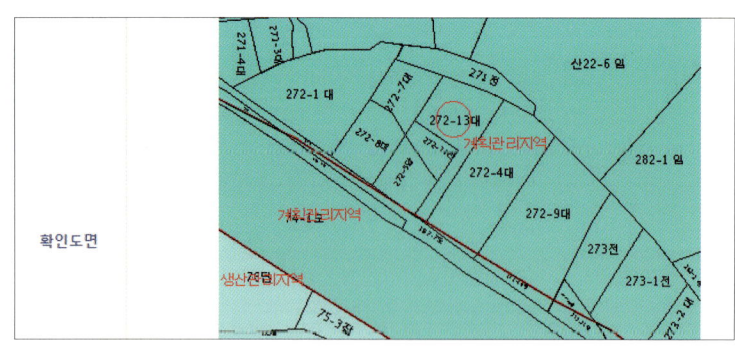

개발행위허가를 받으려면 이행복구예치금을 574만 원을 내야 했다. 개발허가를 받아, 공사했는데 마무리되지 않았을 때 땅을 원래대로 되돌려놓는 비용이다. 공사를 정상적으로 마무리하면 다시 돌려받는 돈으로 일종의 보증금이다. 서울보증에서 '인허가보증보험증권'을 발급받으면 되므로 이행복구예치금 574만 원을 약 4만 원의 보험료로 해결했다.

차가 내 땅으로 들어오기 위한 허가

도로와 필지 사이에 인도가 있다. 인도를 지나 건물 안으로 들어오기 위해서 지자체에 점용허가신청을 하고, 세금(점용료)을 내야 한다.

진출입로를 위한 점용 허가와 도로공사를 위한 점용 허가 두 가지를 받았고, 약 40만 원의 점용료가 발생했다. 도로점용도 개발행위허가에 포함돼 약 11만 원의 이행복구예치금을 내야 하는데 서울보증보험에 인허가보증보험을 들어 1만 5천 원이 들었다.

직영공사는 반드시 전문가와 함께

설계사무소에서 허가 접수를 하는 동안, 집에서 사용하던 집기와 가구를 정리했다. 그게 한 짐이 되는데, 공사하는 동안 둘 곳이 없었

개발행위허가
건축을 위해 땅의 용도를 변경하려면 국가에 허가를 받아야 한다. 땅을 구매하기 전, 개발행위허가가 대상인지 확인한다.

농지보전부담금
농지(지목: 전, 답)을 개인적인 용도로 개발할 때 내는 비용으로, 개발하면서 훼손된 농지의 보상금이다. 농지보전부담금을 내야 개발행위허가서를 받을 수 있다.

점용허가
개인 용도로 사용하기 위해 어떤 물건을 독점 사용하는 것을 의미한다.

도로점용허가를 받은 인도. 기존 인도와 다르게 아스팔트 포장했다. (→)

계획관리지역
건축물의 용도와 규모를 제한하기 위해 만들었다. 이외에도 보전관리지역과 생산관리지역이 있다.

CM
Construction Management의 약자로 현장을 종합적으로 관리하는 사람이다. 공사비를 절감하고, 공사기간을 단축할 수 있다.

다. 컨테이너를 사야 하나, 빌려야 하나, 비용은 얼마나 되나 등 인터넷 검색을 많이 했다. 그때, 토목시공사 대표님이 "컨테이너 빌려드릴 테니 거기에 보관하세요." 해서 걱정이 싹 사라졌다. 공사가 끝난 뒤에는 빌렸던 컨테이너를 저렴하게 구매했다.

계획관리지역으로 건폐율 40%, 용적률 50~100%. 1층 $258m^2$ (78평), 2층 $258m^2$ (78평)로 약 $516m^2$ (156평)를 지을 수 있는 땅인데 예산과 증축을 고려해 $200m^2$ (60평) 이하로 설계하기로 했다.

$200m^2$ (약 60평)가 넘으면 종합건설사에 의뢰하여 시공*해야 한다. 이때 기업이윤, 감리계약, 안전관리인 계약 등의 간접비가 추가되어 전체 공사비가 상승한다. 직영공사를 하는 이유가 간접비를 최소화하기 위해서다. ▶토목공사, 직영공사, 종합건설 234p.

다만, 직영공사는 건축주가 모든 책임을 져야 하므로 혹시 모를 안전사고에 대비해서 공사하기 전 고용보험과 산재보험을 들었다.

첫 삽 뜨는 날은 몹시 불안했다. 해 본 적도 없는 데다 건축에 대해 잘 몰라서다. 현장에서 CM(Construction Management)이 견

* 건설산업기본법 제41조(건설공사 시공자의 제한)

적금액은 적절한지, 언제 어떤 시공팀을 불러야 하는지와 업체 추천 등 공사의 전반적인 부분을 조언했다. 직영공사의 형태를 가지고 있지만, 사실상 도급공사와 다르지 않았다.

현장에 있으면 일이 제대로 진행되는지 모호하고 궁금할 때가 많다. 작업 중인 분에게 자꾸 묻게 되면 실례가 될까 봐 멈칫할 때가 있다. 그럴 때 물어볼 수 있는 대상이 CM이다.

바닥에 묻은 가스관을 찾아야 하는데, 현장에서 위치를 못 잡아 헤매고 있었다. 하필 CM이 다녀간 뒤라 현장에서 바로 물어볼 사람이 없었다. 답답한 마음에 CM에게 영상통화를 걸었다. 기준점을 하나 잡고 50㎝ 옆으로 가서 파보면 있을 거라고 했고, 정말 있었다.

현장업무를 잘 아는 사람, 물어볼 사람이 반드시 필요하다는 것을 느꼈다. CM과 함께 모든 공정을 살펴보지 않았다면 완벽하게 마무리할 수는 없었을 것이다.

모르는 것을 솔직하게 물어볼 때

현장에 도착하면 당일 업무 일정부터 물었고 하루 계획에 대한 설명을 들었다. 처음에는 현장에서 쓰는 단어가 무슨 말인지 몰라 애를 먹었다.

1 직접 줄눈을 그린다. 처음에는 하루 꼬박 걸리던 일이 익숙해지니 반나절이면 끝났다.

2 마음에 드는 싱크대 재질을 선택하고, CM에게 견적서가 맞는지 검토요청중이다.

거푸집
콘크리트를 붓기 위한 틀.

예를 들면, "오늘은 땅을 나라시해서, 깔끔하게 바라시할 거다"라고 말한다. '나라시'가 뭐고, '바라시'가 뭔지 알 수가 없다. 현장 사람들이 불친절하다는 말을 들었지만 물을 수밖에. 그런데 그분들 정말 친절했다.

이제는 '나라시'가 평평하게 다지는 일이고, '바라시'는 거푸집을 해체하거나 뜯는 일이라는 것을 안다.

직영공사를 하고 난 후에야 공사 과정이 눈에 보였다. 처음에 터를 파고, 거푸집을 대서 벽을 만들면서 전기배관과 수도배관을 같이 설치한다. 콘크리트를 붓고 지붕 거푸집을 만들어서 또 콘크리트를 붓고, 지붕 방수공사를 한다. 벽 마감을 하고, 내부 인테리어를 하면 거의 끝이다.

땅 경계로 이웃과 다툼이 생길 때

한국국토정보공사(구. 지적공사)에서 설계 전 측량하러 왔다. 우리 땅과 뒷집 땅 경계가 좀 물렸는데, 뒷집 땅 주인이 땅을 너무 많이 가지고 간다고 말했다. 원래 땅 경계가 그렇게 되어 있는 거라면서 도면을 보여주며 설명했더니 뒷집 사람이 고개를 끄덕였다.

시골은 집과 집 사이 땅 경계가 물려있는 경우가 많다고 한다. 그럴 때는 좁은 영역 때문에 다투는 것보다 서로 양보해야 할 것 같다. 물려있는 땅을 뒤땅 주인에게 넘기면서 옹벽을 선물 받았다. 우리가 할 공사였는데 뒤땅 주인이 옹벽 공사를 했기 때문이다. 함께 살아갈 이웃이다. 얼굴 붉히지 않는 게 서로에게 좋을 것 같다.

생각하지도 못한 원인자부담금

준공허가를 받으러 시청에 갔는데 갑자기 하수 원인자부담금 2,800만 원을 내라고 했다. 현기증이 났다. 예산 끌어모으기도 힘겨

하수원인자부담금
상업시설(식당, 공장 등)의 오염된 하수를 하수처리장에서 정화 후 방류하는데, 이때 오염된 하수를 내보낸 사람에게 정화비용을 청구한다. 하루 배출되는 용량에 따라 비용이 다르다.

운데 갑자기 2,800만 원이라니! 식당을 하면 요리, 설거지, 청소 등으로 물을 많이 사용하니까 하수원인자부담금*이 나온다고 한다. 믿을 수 없어 다시 물었다.

"여기서 20년 넘게 장사를 해왔고 세금도 꼬박꼬박 냈는데 원인자부담금을 내야 하나요?" 그랬더니 "영업 중이셨어요? 사업자등록증(영업허가증) 있나요? 있으시면 안 내도 돼요."

그제야 한시름 놨다. 어머니 허리가 안 좋아지면서 가게를 폐업하고 사업자등록증도 버리려고 했다. 고민하다가 일단 그냥 두었는데, 그때 폐업했으면 꼼짝없이 원인자부담금을 내야 했다.

집짓기가 끝나고

가끔 지나던 사람이 공사현장을 들여다본다. 공사가 거의 끝날 무렵, "공사 다 끝난 거예요?" 하고 물었다. 거의 끝났다고 하니까 "페인트칠은 안 하나요?" 했다. 페인트 마감을 해야 공사가 끝났다고 생각한 듯했다. 옆집 백반집 사장님은 매일 와서 잘 되어가느냐고 물었다. 식당 옆 유치원에서는 공사하는 것이 신기한지 아이들이 선생님과 함께 공사 과정을 지켜보기도 했다.

가족과 여러 전문가의 도움으로 여기까지 잘 왔다. 이제부터는 온전히 내가 잘 이끌어가야 한다. 걱정 반 설렘 반이다. 건물 짓는 데도 직접 참여했으니 어쨌든 잘 해내리라 믿는다.

---

* 하수도법 제61조 (원인자부담금 등)

집짓기, 만남부터 준공까지

*사진제공: 장수가마솥곰탕 강승기 실장

01 첫 만남

처음 만날 때 필요한 것은 '주소'다. 주소를 알면 면적, 대략적인 설계비용, 건축 가능 여부 등을 알 수 있다. 상담할 때, 설계비용 외 건축가와 건축주의 취향을 맞추는 것이 중요하다. '대화'는 만족하는 집짓기의 시작이다.

02 기획하기

건축설계사무소, 토목설계사무소와 함께 법규검토와 진행 중 주의사항 등을 확인한다. 지목변경에 따른 개발행위허가와 농지전용허가, 도로 사용에 따른 점용허가, 용적률과 건폐율, 예산 등을 반영해 200㎡(60평)를 넘지 않는 집을 짓기로 한다. ▶기획하기 50p.

03 측량하기

주변 필지와 땅의 상관관계를 알기 위해 현황측량을 한다. 땅의 경계와 경사도, 건축물의 높이 등을 측량하고, 땅 모양을 도면으로 만든다. 측량한 도면을 건축설계사무소에 전달한다. ▶측량해야 하는 이유 208p.

04 설계하기

살아오면서 주거 생활에 불편했던 점을 보완하고, 원하는 공간을 설계에 반영한다. 약 2~3차례의 미팅하면 구체적인 설계 방향이 나온다. 시공하면서 설계안이 바뀌는 일이 없도록 가족과 의견을 통일한 후 건축가와 충분한 대화를 통해 설계를 마무리한다. ▶좋은 설계란 108p.

05 허가하기

설계도면에서 평면도, 입면도, 단면도, 배치도 등의 허가에 필요한 내용을 작성하여 필요 서류와 함께 지자체에 제출한다. 예외적인 사항이 없으면 한 달 내에 허가를 받는다. ▶허가받기 전 알면 좋은 행정상식 194p.

06 공사하기

200㎡ (60평 미만) 미만 직영공사를 할 때는 공부가 많이 필요하다. 시공과정, 재료, 현장에서 사용하는 용어 등을 모르면 소통이 힘들 뿐 아니라 일이 예정대로 잘 진행되는지 알기 어렵다. 직영공사라 하더라도 토목, 구조, 배관, 외벽, 창호공사 등은 업체에 도급하고 줄눈, 페인트칠, 청소 등의 간단한 일을 직접 하는 반직영 형태가 경제적이다. ▶종합건설업체 공사와 직영공사 234p.

06 공사하기

06-1 터파기
동결심도를 고려해 집 모양에 맞춰 땅을 판다. ▶동결심도 232p.

06-2 기초타설
집의 바닥부분에 콘크리트를 붓는다.
▶양생기간 231p.

06-3 거푸집 설치
거푸집(집의 형태를 만드는 틀)을 설치한다.

06-4 배관작업
실내 하수관을 설치하고 외부관으로 연결한다.

06-5 콘크리트 타설
바닥을 만들기 위해 설치한 거푸집 위에 콘크리트를 붓고 굳힌다. 바닥, 1층 벽과 지붕 순으로 콘크리트 타설한다.

06-6 지붕 방수공사
배수판과 단열재를 올리고 부직포 위에 자갈을 깐다. 자갈은 태양열을 차단하고 방수 및 단열효과를 높인다.

06-7 벽 외장공사
단열재, 타일, 스타코, 벽돌 등 외벽공사를 한다. ▶외벽 마감재료 164p.

06-8 창호공사
창틀을 끼우고 유리를 설치한다. ▶창호와 유리 141p.

06-9 실내바닥공사
단열재, 마루, 에폭시 등을 깐다. ▶바닥 마감 176p.

06 공사하기

06-10 타일공사
▶타일의 종류 182p.

06-11 실내 천정공사
적삼목으로 인테리어 효과를 높인다.

06-12 인테리어 공사
실내 도어, 세면대, 변기, 거울 등을 설치한다.

06-13 조경공사
잔디, 나무, 디딤돌, 데크 등을 설치한다.

06-14 바닥 포장공사
주차장 먼지를 줄이기 위해 콘크리트로 포장한다. ▶바닥 포장공사의 종류 160p.

06-15 배관 가스 공사

06-16 배수공사

07 완공

08 청소하기

공사 후 남은 자재를 정리한다. 청소 전문 업체를 불러도 되지만 비용 절감을 위해 직접 청소했다.

09 준공하기

공사가 끝나고 준공에 필요한 서류를 준비해서 접수한다. 점용허가비용, 원인자 부담금(해당할 때) 등의 세금을 낸다. 준공 신청을 하고 완공 허가가 나면 지목변경을 신청할 수 있다.

10 입주하기

주변 쓰레기를 정리하고 이사한다.

시골에 집 지어서 잘 살 수 있을까요?

'오경재(五景齋)'는 경사를 활용하여, 자연환경과 어울리는 친환경 설계를 한 집으로 건물의 50%가 땅에 묻힌 용적률 0%의 집이다. 기존 산세의 흐름에 어울리게 경사를 따라 집을 계단처럼 배치하고, 공사로 훼손된 녹지면적은 옥상녹화로 복구했다. 자연을 배려하고, 주변 환경, 이웃과의 조화를 중요하게 생각하는 건축주의 마음이 '오경재'라는 공간을 태어나게 했다.

주변과 더 할 수 없이 조화로운 공간인 '오경재'에 문제가 생겼다.

"집 앞에 3층 건물이 들어서는데, 우리 집 시야를 막고 마을 미관까지 해치고 있어요. 땅 주인과 마을 사람들이 다투고 있는데 땅 주인 설득 좀 시켜주세요."

오경재가 있는 마을은 대부분 2층 이하의 주택으로 어우러져 있다. 나지막한 전원마을에 3층 높이의 건물이 들어서서 앞을 가로막은 것이다.

연락을 받고 오경재를 찾아갔을 때, 마을 입구에는 '마을 미관을 해

집과 자연환경의 조화를 위해 경사면을 따라 계단식으로 배치했다. 친환경 건축으로 '대한민국 녹색 건축대전'에서 우수상을 수상했다. (→)

고즈넉한 자연 풍경을 담은
마을에는 어떤 집이 어울릴까? (→)

치는 공사를 중지하라'는 현수막이 바람에 펄럭였다. 철골구조가 3층까지 올라간 상태인 현황을 살펴본 후 땅 주인을 만났다. 「외관은 주변과 어울리는 재료를 사용하고, 3층의 부담은 경사 지붕을 만드는 것」이 최선의 방법이라고 땅 주인에게 말했고, 그렇게 하겠다고 약속했다.

낮은 건물만 있는 아늑한 전원마을에 느닷없이 생긴 높은 건물. 주변과 격리된 채 그곳에 만족하며 살 수 있을까? 생각해 봄 직한 문제다.

보기 좋고 아름다운 마을

유명한 해안마을 노르웨이 뵈르겐. 해안을 따라 건물이 아기자기하게 들어선 마을은 전 세계 여행객들의 마음을 사로잡는다.

뵈르겐 마을은 집 모양과 방향은 제각각인데 하나로 통일되어 보인다. 재료와 색상이 비슷한 데다 비슷한 높이로 지형에 맞게 배치했기 때문이다.

비슷한 재료 주황색과 갈색 계열 지붕이 전체적인 분위기를 통한다. 군데군데 배치된 남색 지붕과 회색 지붕은 마을미관을 해치지 것이 않고 도드라져서 시각적 즐거움을 준다.

비슷한 높이 건물의 높낮이가 대체로 비슷하다. 만약 높은 건물이 가운데 우뚝 솟아있다면, 두말할 필요도 없이 안정된 조화를 깨뜨리는 역할을 하게 될 것이다.

지형에 맞는 배치 평지인 해안을 따라 같은 건축물이 줄지어 있다. 뒷산은 경사지를 따라 건물을 차곡차곡 올려놓았다. 기존 자연의 흐름을 훼손하지 않고 그대로 따르면서 자연스럽고 안정적인 공간을 만들었다.

휴양지 호텔 같은 집에서 살면 행복할 것 같지만, 그것은 찰나다. 만족스러운 삶은 주변 이웃과의 조화에서 시작된다.

만족 할 수 있는 집 지을 수 있을까요?

도심을 벗어나 전원생활을 하려는 것은, 자연 속에서 자연을 누리며 좀 더 여유롭게 살고 싶어서다. 그런데 옆집과 너무 가까워 집 안으로 햇빛이 안 들어 오거나 바로 앞에 높은 옹벽이 있다면 도시 생활과 다를 게 뭐가 있을까.

전원주택 로망이 사라질 때

지금까지 땅개발은, 건물을 지을 수 있는 땅을 빨리 만들고 빨리 파는 것이 가장 중요했다. 그곳에서 살아갈 사람들을 고려하지 않았다. 사는 사람을 고려하지 않은 불친절한 택지개발이 대한민국 곳곳에서 성행했던 것을 부인할 수 없을 것이다.

전원생활을 꿈꾸는 사람들이 땅을 사고 그 땅에 집을 짓는다. 집을 짓고 나니 불만스러운 것이 한둘이 아니다. 참고 살려고 했지만 대체로 2년을 채우지 못한다.

층고 높은 집은 에너지관리 비용이 많이 들지 않도록 층 높이를 3.5m 이하로 최소화하는 것이 좋다. (→)

왜 그렇게 되었는지 원인을 따지기도 전에 도시로 되돌아간다. "전원주택생활은 불편해", "집 짓고 나면 10년 늙는데", "마당 있는 삶? 큰 창에 아름다운 풍경을 담은 집? 로망은 로망일 뿐!" 부정적인 인식이 일어날 수밖에 없는 상황도 있다.

사는 사람이 만족하는 공간을 만들기 위해 집짓기 전에 해야 할 것은 무엇일까. 먼저 실제 사는 사람의 생활양식을 알아야 한다. 그리고 그들이 느끼는 불편함이 무엇인지 깊이 고민해야 한다.

건축만이 아니다. 땅도 마찬가지다.

높은 옹벽을 가리기 위한 나무

옹벽공사 현장에서의 일이다. 집 바로 뒤에 6.5m의 높은 보강토 옹벽이 있었다. 6.5m는 3층 건물 정도의 높이로 가까이에서 본다면 굉장히 부담스럽다.

건축주에게 한 가지 제안을 했다.

"높은 옹벽을 덜 부담스럽게 하는 방법이 있습니다. 원래 50cm 이상 땅을 파거나 올리면 설계변경을 해야 합니다. 그래서 48cm 정도의 단을 기존 옹벽 앞에 쌓고, 나무나 꽃을 심을 공간을 만들려고 합니다. 나중에 나무가 자라면 옹벽을 많이 가려줄 겁니다. 어떠신가요?"

"저는 좋죠! 안 그래도 설계하면서 옹벽이 집이랑 너무 가까워서 답답할까 봐 걱정했는데."

"좋습니다. 혹시 모르니 뒤쪽 땅 주인한테도 의견을 물어봐 주세요."

그렇게 공사를 시작했다. 공사가 끝난 해에는 나무가 자라지 않아 삭막했다. 하지만 시간이 흐를수록 그 값어치를 하는 공간이 될 것이다.

큰 배수구와 옹벽을 가린 기발한 생각

공장 부지였던 곳에 단독주택을 설계하기 위해 현장을 찾았다. 5m 옹벽과 높이 3m 배수 구멍이 부담스러웠다. 문을 열 때마다 삭막한 풍경이 시야를 가로막는다면 블라인드를 치고 문을 자주 열지 않을 것이다. 공기 좋고 자연 좋은 시골로 이사 온 보람이 사라진다.

땅 설계의 큰 방향이 정해졌다. 옹벽을 낮추거나 가리고, 배수구멍을 막아야 한다. 옹벽을 허무는 것은 비용이 많이 들고, 흙이 집으로 쏟아질 수 있다. 고민 끝에 옹벽을 흙으로 가렸다. 집 터를 만들기 위해 판 흙과 마당의 흙을 옹벽 앞으로 옮겼다. 흙으로 2.5m 단을 만들고 꽃과 나무를 심어 정원을 만들었다.

배수 구멍을 콘크리트로 막을 수 있지만, 시간에 따라 색이 달라져서 보기에 좋지 않다. 고민하던 중 건축주가 가톨릭 신자라는 점이 떠올랐고, 1m 정도 마리아 상을 가지고 오라고 주문했다.

공사하고 남은 타일을 깨서 모자이크 방식으로 구멍을 막고, 마리아 상을 두었다. 아래에서 위로 비추는 포인트 조명을 설치하니

잔디마당의 흙을 파서, 옹벽 앞으로 옮겼다. (→)

그럴듯한 기도 공간이 되었다.

보기 불편한 옹벽보다 마리아 상을 보며 행복한 기도 시간을 보낼 수 있을 것이다.

성공하는 집짓기란

집을 다 짓고 건축주, 건축가, 시공사, 가족, 지인들을 초대해 '집들이음악회'를 연다. 마을 사람을 초대해서 밥 한 끼를 대접하고, 노래로 함께 어우러진다.

'성공하는 식당은 직원들이 음식을 만들거나, 서빙하면서 입맛을 다시는 곳'이라는 유명 셰프의 말처럼 집짓기도 같다. 설계하고, 공사한 사람이 '나도 여기에 집 지어 살고 싶다'라고 생각하는 그런 집을 지어야 한다. 집 짓는 사람이 돈을 우선으로 쫓느냐, 건축주의 삶의 질을 먼저 생각하느냐의 차이다.

누구나 오래 살고 싶어 하는, 추억을 쌓는, 애착이 가는 공간을 만드는 것이, 성공한 집짓기의 진리임엔 변함이 없다.

1 행복집짓기 16호, 평택 나비家 집들이음악회
2 행복집짓기 14호, 강화 화수家 집들이음악회

시골땅과 도시 땅 무엇이 다른가요?

자연 속 삶을 살고 싶어 땅을 찾다 보면 '계획관리지역', '생산관리지역' 등의 단어를 접한다. 낯설지만 집 지을 땅을 사기 위해 반드시 알아야 하는 말이다.

땅의 쓰임을 정하는 '용도지역'은 집 지을 수 있는 땅, 공장을 지을 수 있는 땅, 교회나 절을 지을 수 있는 땅 등 용도를 정한다.

용도지역은 크게 도시지역과 비도시지역(관리지역, 농림지역, 자연환경보전지역)으로 나뉜다. 책에서는 관리지역을 시골로 보았는데, 도시보다 개발이 적게 되었고, 주소지가 '군, 면, 리'인 경우가 많기 때문이다.

관리지역: 보전관리지역, 생산관리지역, 계획관리지역

비도시지역 혹은 도시 외 지역이라고도 하는 관리지역은 개발을 장려하지만, 난개발을 막기 위해 규제한다. '군, 면, 리'는 관리지역인 경우가 많다. 국토의 약 25.6%에 해당하며, '보전관리지역(산과 물 보호), 생산관리지역(논, 밭, 어장 보호), 계획관리지역'으로 나눈다.

계획관리지역은 도시 편입이 예상되는 지역으로 보전관리지역

관리지역	보전관리지역	산림보호, 수질오염 방지, 녹지 공간 확보 등을 위하여 보전이 필요하지만, 자연환경보전지역으로 관리하기 어려운 지역
	생산관리지역	농업·임업·어업 생산 등을 위하여 관리가 필요하지만, 농림지역으로 지정하기 어려운 지역
	계획관리지역	도시지역으로 편입이 예상되는 지역이지만, 자연환경을 고려하여 이용 및 개발을 제한하는 지역

과 생산관리지역보다 지을 수 있는 건축면적이 크다. 따라서 관리지역에서 땅을 구매하려면 계획관리지역을 사는 것이 유리하다.

도시지역

인구가 밀집되어 있고 개발이 많이 된 지역이다. 국토의 16.6%에 해당하며, 인구의 약 98%가 도시지역에 살고 있다. 대체로 '시, 구, 동'이 도시지역이다.

이미 개발되어 건물이 있는 경우가 대부분이고, 건물이 없더라도 땅값이 매우 비싸다. '주거지역, 상업지역, 공업지역, 녹지지역'으로 나눠지며, 각 항목을 사용목적과 쓰임에 따라 세부 분류한다.

농림지역과 자연환경보전지역

농림지역은 농업과 임업의 발전을 돕는 지역이다. 국토의 46.5%에 해당한다. 자연환경보전지역은 자연환경, 수자원, 생태계, 문화재 등을 보전하기 위한 구역이다.

농림지역과 자연환경보전지역은 특수지역이므로, 특정 조건과 자격을 갖춰야 개발할 수 있고 규제가 까다롭다. 국토의 계획 및 이용에 관한 법률(국계법)을 기본으로 농지법, 산지관리법, 초지법 등을 추가로 검토한다.

국토의 계획 및 이용에 관한 법률
한국 토지이용에 대한 법을 지정한 것으로 줄여서 국계법이라고도 한다. 국계법을 큰 틀(모법)로 건축법, 산지관리법, 농지법 등이 적용된다.

지역지구의 구분

도시지역	주거지역	전용주거지역	제1종 전용주거지역 : 단독주택 중심
			제2종 전용주거지역 : 공동주택 중심
		일반주거지역	제1종 일반주거지역 : 저층주택 중심
			제2종 일반주거지역 : 중층주택 중심
			제3종 일반주거지역 : 중·고층주택 중심
		준주거지역	주거기능 + 일부 상업기능 및 업무기능
	상업지역	중심상업지역	도심·부도심의 상업 및 업무 기능 중심
		일반상업지역	상업 및 업무
		근린상업지역	일용품 및 서비스 공급
		유통상업지역	지역 간 유통기능 증진
	공업지역	전용공업지역	중화학, 공해성 공업
		일반공업지역	환경을 저해하지 않는 공업
		준공업지역	경공업 + 주거 및 상업기능 보완
	녹지지역	보전녹지지역	도시의 자연환경, 경관, 산림 등의 녹지 보호
		생산녹지지역	농업생산을 위해 보호해야 하는 토지
		자연녹지지역	도시의 녹지공간 확보, 도시 확산의 방지 등을 위해 보호해야 하는 토지
관리지역	보전관리지역		산림보호, 수질오염 방지, 녹지 공간 확보 등을 위하여 보전이 필요하지만, 자연환경보전지역으로 관리하기 어려운 지역
	생산관리지역		농업·임업·어업 생산 등을 위하여 관리가 필요하지만, 농림지역으로 지정하기 어려운 지역
	계획관리지역		도시지역으로 편입이 예상되는 지역이지만, 자연환경을 고려하여 이용 및 개발을 제한해야 하는 지역
농림지역	농지*	농업진흥구역	농업을 활성화하는 지역
		농업보호구역	농업을 위해 용수원 확보 및 수진 보전을 하는 지역
	산지**	보전산지	임업용산지, 공익용산지
		준보전산지	보전산지 외의 산지
자연환경 보전지역	자연환경·수자원·해안·생태계·상수원 및 문화재의 보전과 수산자원의 보호·육성 등을 위하여 필요한 지역		

국토의 계획 및 이용에 관한 법률 시행령 제30조(용도지역의 세분), *농지법 제28조(농업진흥지역의 지정), **산지관리법 제4조(산지의 구분)

도로, 하수도, 전기선을 직접 연결하는 관리지역

관리지역은 '기반시설'이 부족한 경우가 많다. 기반시설이란 도시주민의 생활이나 도시기능 유지에 필요한 물리적 요소로써 도로, 철도, 공원, 공공시설, 배수, 하수, 전기, 통신, 가스 등을 말한다.

관리지역에서 기반시설이 갖춰져 있는 곳은 조성 된 타운하우스, 분양용 택지다. 대부분은 기반시설이 부족하기 때문에 건축주가 직접 도로를 내고, 배수관을 묻고, 전기선과 통신선을 연결한다.

도로포장

최소 폭 3m 도로가 있어야 건설장비가 공사현장에 들어갈 수 있으며, 건축법상 도로폭 4m를 확보해야 한다. 땅을 샀는데 도로 폭을 고려하지 않아 건축허가가 나지 않는 경우도 있기 때문에 도로 유무는 물론 폭도 반드시 확인한다. 비포장도로일 경우 반드시 도로 포장을 해야 하며, 도로가 없다면 만든다. ▶땅 사기 전 확인해야 할 도로 폭 84p.

배수 설치

집에서 쓰고 버린 물을 흘려보내는 배수시설은 필수다. 도심은 맨홀을 보고 배수시설을 쉽게 확인할 수 있고, 시설도 잘 되어 있다. 관리지역은 배수로가 없는 경우가 많고, 위치 확인이 어렵다. 오염된 물을 방류해도 되는 배수로인지 구분하기도 쉽지 않다. 스스로 판단하기 어려울 때는 전문가나 지자체에 문의하면 답변을 얻을 수 있다. ▶땅 사기 전 확인해야 할 배수로 88p.

전기와 통신 설치

관리지역에서 필지 주변에 전봇대가 없는 경우가 있다. 그럴 때는 주변 전봇대에서 전기선을 끌어온다. 전기선을 눈에 보이게 연결하기도 하지만, 땅 아래로 전기선을 묻는 전기 지중화를 하기도 한다. 전봇대에서 전기선을 끌어 내 땅에만 전기선을 묻을 때는 전기 지중화가 저렴하지만, 전봇대가 내 땅과 멀리 떨어져 있다면 비용이 올라간다.

전기선을 깔고 한국전력에 전화해서 전기계량기를 설치한다. 통신 관련 업체에 연락해서 통신선을 연결하면 전기와 통신선 설치가 끝난다.

행복집짓기 4호 '강릉 두 번째 달'

Chater.2

'이것'과 함께 라면 99% 성공할 수 있다

행복집짓기 16호 '나비家' 완공 후 집들이음악회

어떻게 시작할까요?

집짓기의 시작은 함께 할 건축설계사무소, 토목설계사무소, 건축시공사, 토목시공사 찾기다. '건축'은 사람이 머무는 실내외공간, '토목'은 사람이 밟고 다니는 땅, 땅속에 묻히는 것(배수관, 전기선, 통신선 등)을 다룬다.

설계할 때 토목설계와 건축설계가 한 몸처럼 이루어져야 한다. 체형에 따라 어울리는 옷이 다르듯, 집도 땅 모양에 따라 어울리는 형태가 있다. 땅과 집의 어울림을 생각하지 않으면 어린아이가 하이힐을 신은 것처럼 부자연스럽다.

집과 땅을 같이 설계하면 같은 땅 면적이라도 공간을 더 효과적으로, 넓게 쓸 수 있다. 경사지도 지하를 활용해 세상 어디에도 없는 특별한 공간을 만들 수 있다.

첫 번째, 기획 (추정예산 세우기)

기획은 집짓기의 첫 단추다. 집 지으려는 땅의 지번을 받아, 집 지을 수 있는지 법을 검토하고 허가받기 위해 건축주가 준비해야 하는 내용을 정리한다. 맞춤 상담으로 적정 면적, 원하는 공간, 집의 스타일, 설계와 공사의 수준, 공사방법 등을 개념설계한다. 개념설계를

개념설계
대략적인 면적과 형태를 보기 위한 '스케치' 단계다. 레고를 쌓듯이 커다란 덩어리만 올린다.

1,2 개념설계에서 나온 스케치

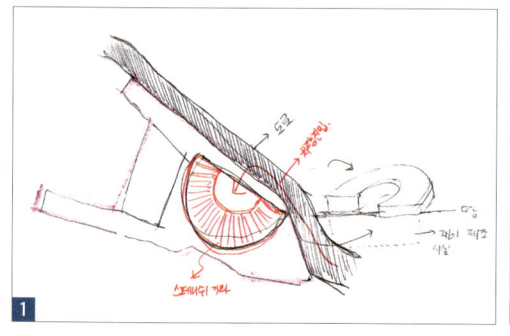

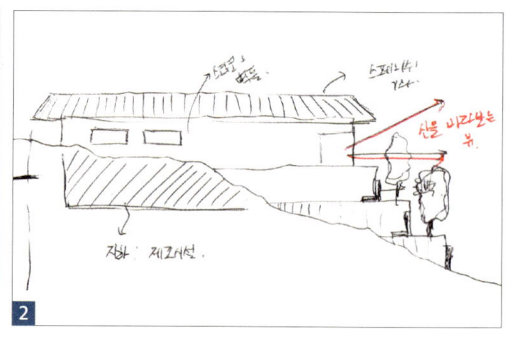

집짓기 과정

부대공사
건축·토목공사를 제외한 공사. 전기·통신관 연결, 전력계량기, 수도계량기, 정화조 설치, 우오수관, 수도관 연결, 수도계량기 설치 등

해야 건축 및 토목공사, 부대공사 추정예산을 뽑을 수 있다. 본 설계 전 예산이기 때문에 100% 정확하지 않지만, ±5%에서 크게 벗어나지 않아 예산계획을 세우는데 도움이 된다.

두 번째, 계획설계 (공간 별 쓰임과 치수 정하기)

공간 별 쓰임과 면적, 정확한 치수를 그리는 것이 '계획설계'다. 설계가 끝나면 평면도, 입면도, 단면도, 배치도, 창호도, 재료마감표를 받는다. 공간 이해를 돕기 위해 3D 시뮬레이션으로 소통한다.

이때 꿈꿔 온 모든 것을 설계에 담을 수 있다. 나의 삶과 이야기가 담긴 집을 짓는 것이다. 직접 참여하고 많은 의견을 줄수록 내 집이 된다. 좋은 자재에 집중하기 보다 '어떤 공간에서 살고 싶은지' 고민하면 만족스러운 집을 지을 수 있다.

계획설계 시 반드시 '현황측량'을 한다. 토목설계사무소에서 현장에 나가 대상지 땅의 모양, 경사, 면적 등을 측정하고 도면으로 옮긴다. 땅의 높낮이를 고려하여 오수·하수, 전기, 담장, 옹벽 등을 배치한다.

현황측량도(토목 도면)을 받은 건축설계사무소는 건축설계를 한다. 건축주의 라이프스타일을 담은 공간을 만들어 바람의 방향, 해가 뜨는 방향, 이웃집과의 관계, 도로의 위치, 배수 위치 등을 고려해 집을 배치하고 공간을 나눈다.

세 번째, 실시설계 (공사도면 그리기)

공사할 수 있는 도면을 그리는 것을 '실시설계'라고 한다. 계획설계(평면도, 입면도, 단면도, 배치도, 창호도, 재료마감표)와 더불어 구조, 전기, 통신, 설비 등의 도면이 추가된다.

실시도면을 그릴 때는 재료의 종류, 모델명, 크기, 사양을 정확히 정해야 공사할 때 생기는 추가 비용을 막을 수 있다.

배치도, 평면도, 입면도, 단면도에서 확인할 것

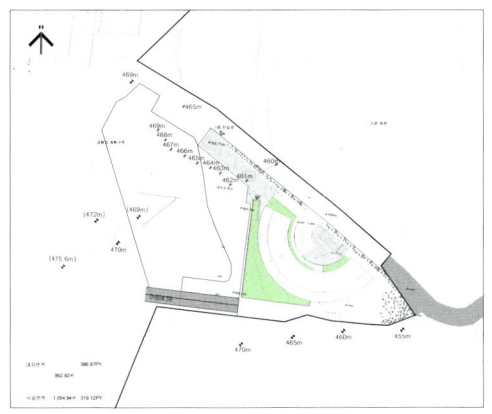

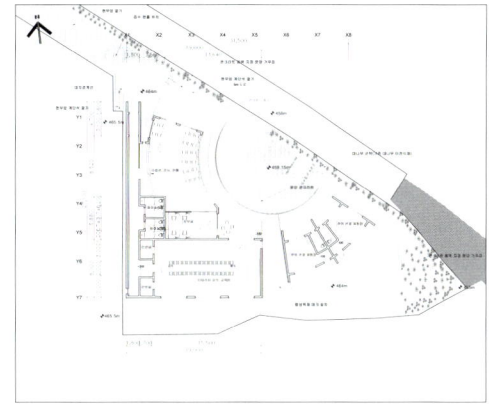

배치도
땅과 도로의 관계, 건물과 도로의 관계, 건물과 주변 건물의 관계, 내 땅과 주변 땅의 배수시설을 확인한다. 내 땅과 남의 땅 경계를 정확히 표시한다.

평면도
방의 위치·크기·동선, 창과 문의 위치를 본다. 평면도 위에 내 땅 배수시설이 표시된 '우오수계획도', 콘센트·스위치·전등 위치가 있는 '조명평면'등이 있으니 따로 확인한다.

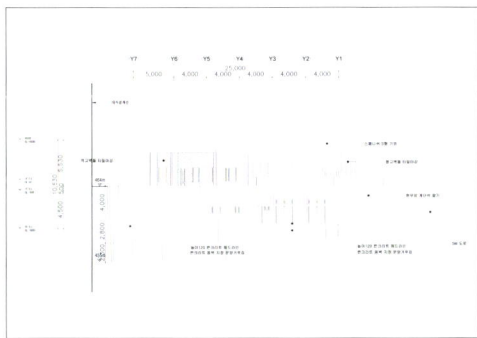

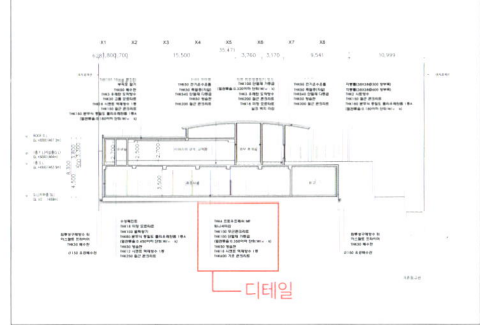

입면도
대지 경사, 집의 모양·디자인, 외부재료, 옹벽마감, 창 높이를 본다. 옹벽 높이가 2m가 넘으면 부담스럽기 때문에 주의한다.

단면도
방의 높이(층고), 외부재료, 단열재 등 벽 내부 재료를 볼 수 있다. 벽 내부 재료 표현을 '디테일'이라고 하는 단열과 배수를 결정하는 자재가 적혀있다.

네 번째, 개발행위허가와 건축인허가 받기

계획설계 도면과 실시설계 도면에서 '허가'에 필요한 도면을 뽑은 것이 허가도면이다. 이것을 허가서류와 함께 담당기관에 제출한다.

지목이 '대지'가 아닌 곳은 개발행위허가(산지전용, 농지전용 등 포함)를 받아야 집을 지을 수 있다. 개발행위허가는 토목설계사무소에서 진행한다. ▶농지전용허가 206p. / ▶ 산지전용허가 210p.

개발행위허가를 받은 뒤, 건축인허가를 받는다. 건축인허가는 규모에 따라 건축신고와 건축허가로 나눈다. 이는 비용과 연관이 있어서 설계할 때 건축설계사무소와 협의하여, 건축신고를 할 것인지 허가를 할 것인지 결정한다. ▶건축신고와 허가의 차이점 203p.

최근에는 개발행위허가와 건축인허가를 동시에 접수하여 처리하는 지자체가 늘고 있다. 집은 나중에 짓고 땅만 공사하려고 해도 건축설계도면을 함께 제출한다. 지자체마다 허가업무과정이 다르기 때문에 꼭 확인한다.

개발행위허가에 따른 개발부담금을 내면 허가를 얻고, 공사진행을 할 수 있다.

다섯 번째, 착공 (토목공사와 건축공사하기)

개발행위허가와 건축인허가를 받고, 착공계를 접수하면 공사할 수 있다. 허가를 받기 전에는 땅을 훼손하거나, 나무를 벨 수 없다.

먼저 대지조성공사, 즉 토목공사를 한다. 성토(흙을 쌓는 것), 절토(흙을 깎는 것)하고 옹벽을 쌓는다. 우·오수관을 땅에 묻는 배수공사, 전기통신관 수도관 등을 매립한다. ▶ 토목공사 과정 258p.

토목공사가 끝난 땅 위에 건축공사를 한다. 집 모양의 터를 만들고, 구조를 세우고 벽과 지붕을 올린다. 외벽과 내벽 공사를 하고, 문틀과 창호, 현관문 등을 설치한다. 인테리어와 조명공사를 끝내고

착공계
공사의 시행에 대한 계약 내용을 기록한 문서

마무리로 조경을 한다. 입주 전까지 집 내부의 전기·통신·수도 등을 연결하고, 계량기 설치, 포장까지 하면 시공이 끝난다. ▶건축 공사 과정 30p.

집 지을 때 건축주가 가장 힘들어하는 부분이 '공사'다. 견적이 잘 나왔는지, 계약서 작성에 문제가 없는지, 자재가 제대로 들어왔는지, 공사가 잘 되고 있는지 알 수 없는 상황에서 업체와 소통도 어렵다.

CM(Construction Management)이 있으면 복잡한 문제가 해결된다. CM은 공사내역서 검토, 계약서 검토, 공정별 품질관리, 현장 리크스 관리, 예산 집행 및 확인, 업체와 건축주간 소통과 중재를 맡는다.
▶ CM이 하는 일 60p.

여섯 번째, 준공 받기

공사가 끝나면 허가받을 때 제출한 도면대로 시공이 잘 되었는지, 안전에 문제가 없는지, 조경면적을 확보했는지 등을 지자체에서 확인한다. 허가받은 대로 시공이 제대로 되었다면 준공허가는 금방 받는다. ▶ 비용이 추가되는 설계변경 59p.

일곱 번째, 입주 및 마무리

소유권을 가지기 위한 건축물 신축에 따른 보존등기(건물의 출생신고), 지목변경(지목변경에 따른 취득세 납부), 기타 세금 등을 납부한다. 행정절차가 마무리되면 집짓기는 완성이다.

[필수]

집짓기 상담해 줄 곳 없나요?

땅 모양과 건축주의 성향이 모두 달라서 똑같은 집짓기가 없다. 인터넷을 찾아도 속 시원한 해답이 안 나오는 이유다. PM (Project management) 은 재무설계사처럼 나에게 딱 맞는 집짓기 방법을 찾아준다.

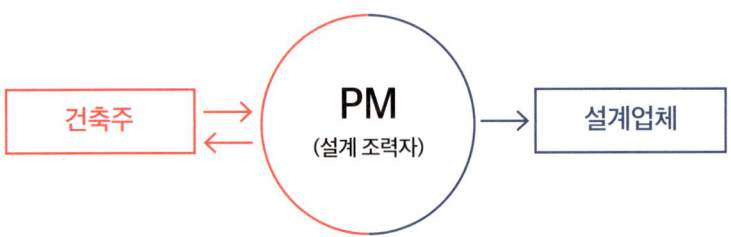

'PM(Project management)'은 건축주가 원하는 건축 스타일을 파악해서, 현실적인 추정예산을 뽑고 건축주와 설계업체 간 의견조율을 담당한다. 집짓기가 원활하게 이루어지도록 돕는 조력자인 셈이다. 건축주는 PM에게서 네 가지 답변을 들을 수 있다.

1. 허가받을 수 있나요?
2. 몇 평까지 지을 수 있나요?
3. 집짓기 총 얼마 드나요?
4. 내 마음에 쏙 드는 맞춤설계할 수 있나요?

땅 사기 전부터 꼼꼼히 법 검토

땅을 사고 나서 설계사무소를 찾는 경우가 많은데 이왕이면 땅 사기 전부터 설계사무소에 허가받을 수 있는지 문의하는 것이 좋다.

우리나라 건축은 제한된 법 안에서 건물의 용도, 면적, 층수 등을 결정한다. 그렇기 때문에 집을 짓기 위해서 검토해야 하는 법이 많다. 특히 도로, 배수, 경사도는 허가를 결정짓는 가장 중요한 요소인데 정확히 검토되지 않는 경우가 있다.

예를 들면, 차량 한 대가 겨우 지나가는 비포장도로와 접한 땅을 샀다. 도로 안쪽에 집이 있어 당연히 허가받을 수 있을 거라고 생각했는데, 허가받을 수 없는 땅이라고 한다. 왜일까?

건축법상 도로인 '도로 폭 4m'가 안되기 때문이다. 그렇다면 안쪽 집은 어떻게 지었을까? 불법건축물이거나, 건축법 상 도로폭 4m를 충족해야 한다는 법이 생기기 전 지어진 구옥일 가능성이 있다.

이 땅에 집짓기 위해서는 도로 폭을 확장하고 포장을 해야 한다. 집짓기 비용만 생각한 건축주에게 도로공사 비용이 추가된 것이다.

이러한 상황을 방지하기 위해서 반드시 꼼꼼한 법규검토가 이루어 져야 한다. ▶ 도로 폭 4m가 안돼도 허가받을 수 있는 경우 84p.

개념설계로 추정 예산 세우기

집을 지을 때 대부분 부족한 자금으로 일을 시작한다. 비용을 최대한 줄이기 위해 인맥을 총동원하고, 스스로 해보려고 직영공사를 한다. 그러다 사기성 있는 사람을 만나면 돈을 엉뚱한 곳에 쓰거나 하자를 떠안는다 추가비용이 들면서 예산이 부족해지기도 한다. 결국 공사비용을 마련하지 못해 공사가 중단되고, 집은 미완성으로 남는다.

비용을 줄이는 것보다 한정된 자본을 효과적으로 활용하는 것이 더 중요하다. '추정예산'은 공사 전 부족한 예산을 마련하고, 지불 시기를 가늠할 수 있는 좋은 기준이다. 설계·인허가, 건축·토목·부대공사 비용을 알 수 있다.

그런데 추정예산은 그냥 나오지 않는다. 대략적인 집의 면적, 재료, 수준, 공사방법 등을 계획한 '개념설계'가 있어야 한다. 공사규모와 재료선택에 따라 공사비가 달라지기 때문에 기준이 필요한데, 이때 개념설계가 '가이드라인'이 된다. ▶ '평당 얼마예요'에 답할 수 없는 이유 72p.

개발행위허가와 건축인허가에 필요한 금액도 무시할 수 없다. 착공과 준공할 때도 추가비용이 발생한다. 원래 들어가는 비용인데 미처 확인하지 못한 것이다. 이런 추가비용들이 쌓이고 쌓여 1,000만 원, 2,000만 원을 훌쩍 넘길 때도 있다. ▶개발부담금 199p./ 농지보전부담금 206p./ 대체산림자원조성비 210p./ 점용허가 214p./ 하수원인자부담금 91p.

건축주와 설계 업체 간 소통

집을 지을 때는 업체와 업체의 소통, 업체와 건축주의 소통이 중요하다. 지금까지 시골땅 집짓기는 토목과 건축의 설계변경이 따라오는 형식적 관계로 이루어져 왔다. 그 결과 공사현장과 도면이 달라 도면대로 시공할 수 없거나, 시공현장에 대한 이해가 부족한 사람이 도면을 그려 예산을 맞추지 못해 공사비용이 더 많이 드는 일도 있다.

PM은 설계업체와 건축주가 모여 이야기 나눌 수 있는 기회를 만든다. 건축주가 원하는 설계방향을 파악하고, 적합한 예산인지 검토한다. 건축가, 토목설계사, 건축주가 한자리에 모여 자주 이야기 나눌수록 좋은 결과를 얻는다.

일은 따로 하더라도 의견은 하나로 모아야 한다. 더 좋은 집짓기

만나는 타이밍
기획, 계획설계, 실시설계, 착공 전 만나 최종검토 한다. (↓)

총괄기획 · 계획설계 · 실시설계 · 허가 · 현장관리 · 착공 · 시공 · 준공 · 완공

방향을 찾기 위해 각 분야의 전문가가 서로 협업하여 의견을 나누는 것이 중요하다.

시공 시 생길 수 있는 리스크 예방

기획할 때 땅과 건축의 관계를 제대로 검토하지 않으면 추가비용이 생긴다. 대표적으로 '설계변경'이 있다. 공사가 끝나고 준공허가를 받을 때 '도면대로 잘 시공되었는지' 확인하는데, 도면과 실제 시공내용이 다르면 '설계변경'을 신청해야 준공허가를 받을 수 있다.

땅 모양이 달라지면 건축도면도 달라진다. 즉, 토목에 대한 설계변경, 건축에 대한 설계변경 '총 두 번 일'이 추가되며, 추가비용도 생긴다.

지적도나 위성사진은 하늘에서 땅을 내려다봐서 경사도와 높낮이를 반영하지 못한다. 그래서 예상보다 옹벽이 높아지거나 땅을 더 깎아야 하는 상황이 생긴다. 임야는 나무가 있어 실측 결과가 달라질 때가 많다. 설계하기 전, 현장에 직접 방문해서 제대로 '현황측량'하면 설계변경을 방지할 수 있다.

현황측량
현장에 나가 대상지 땅 모양, 경사, 면적, 주변 건물과의 관계, 전봇대와 배수로의 위치 등을 측정한다.

[필수]

스트레스 덜 받고 집 짓는 방법 있나요?

집짓기를 도와주는 든든한 조력자

PM과 기획으로 추정예산을 정했다. 그런데 막상 공사하려고 하니 어떻게 시작할지 막막하다. 그때는 CM(Construct management)이 현장을 대신 관리해 줄 조력자가 된다. 공사현장에서 CM은 일곱 가지 질문에 답할 수 있다.

1. 견적 내역이 너무 비싸거나, 싸지 않나요?
2. 계약서에 불리한 내용은 없나요?
3. 하자 없이 완성될까요?
4. 예산이 올바른 곳에 쓰였나요?
5. 돌발 상황에 어떻게 대처하나요?
6. 업체와 소통이 잘 안되는데, 도와줄 수 있나요?
7. 공사기간이 어떻게 되요?

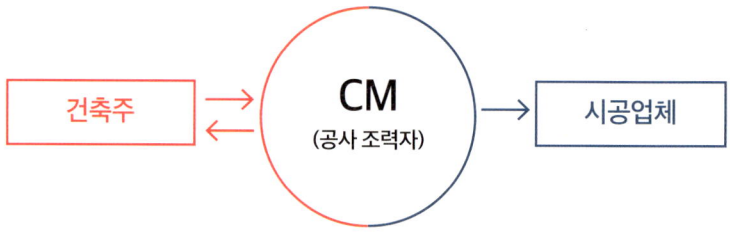

계약서와 세부 내역서 꼼꼼히 검토

집 지을 때 문제의 중심에는 언제나 '돈'이 있다. 비용을 줄이기 위해 저렴한 자재를 사용하고 돈이 없어 정산을 미루다 업체와 사이가 틀어진다. 결국, 사람 간의 신뢰를 잃고 공사가 중단되거나 하자 많은 집을 짓게 된다.

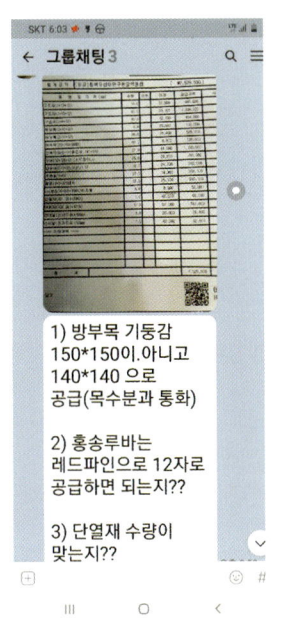

건축주는 견적 내역의 궁금증을 CM에게 묻는다. (↑)

예를 들면 처음 견적 받았을 때는 5,000만 원 예상했지만 공사하는 중에 추가금액이 붙어 8,000만 원이 들었다. 2,000만 원까지는 마련했는데, 나머지 1,000만 원을 마련할 방도가 없다. 중도금을 지급하지 못하면 공사는 중단된다.

이러한 상황을 방지하려면 세부내역을 기준으로 시공계약서를 작성해야 하며, 계약서에 세부내역서가 포함돼야 한다. 그런데 건축주는 10가지가 넘는 집짓기 공정을 잘 모르고, 적정 견적금액인지 판단할 수 없다. ▶ 공종별 세부내역서 247p.

계약서 도장 찍기까지

설계도면을 가지고 시공업체에 견적을 받는다. CM은 견적내용에서 도면대로 적정물량이 들어갔는지, 누락된 내용은 없는지, 올바른 단가로 책정됐는지 등 '세부내역서'로 확인한다. 문제없다고 판단한 CM은 건축주에게 공사비와 내역을 보여주고, 계약서를 검토한다.

계약서를 쓸 때는 국가에서 지정한 '민간건설공사 표준도급계약

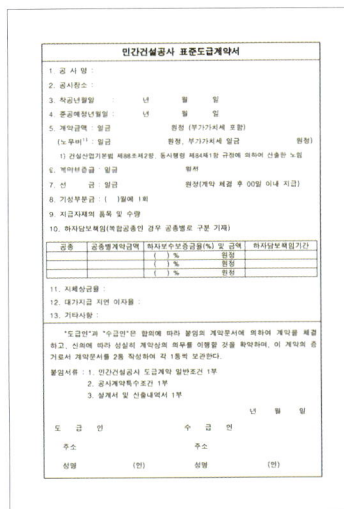

서'를 기준으로 하되, 특수한 계약 조건이 필요할 때는 시공업체와 의견을 조율하고 계약서에 도장을 찍는다.

약속된 품질로 시공되었는지

CM은 품질 좋은 자재가 들어갔는지, 허가도면 대로 잘 시공되는지 각 공정마다 꼼꼼히 확인한다.

단열재는 벽 사이에 숨어 있어, 시공할 때만 보이고 집을 다 짓고 나서는 보이지 않는다. 성능(가~라등급)에 따라 두께와 비용이 다르지만, 색상도 다양하고 생긴 것도 비슷해서 도면에 나와있는 단열재로 시공하는지 건축주가 알기 어렵다.

간혹 도면에 가등급 단열재가 적혀있는데, 나등급 단열재로 바꿔 시공하는 비양심적인 업체가 있기도 하다. 아무것도 모르는 건축주는 도면대로 시공됐다고 생각할 수밖에 없다.

단열재의 성능
가등급 부터 라등급으로 나뉘는데, 가등급일수록 단열성능이 우수하다.

일의 범위에 맞춰 공사비 지불

공사비는 계약금, 중도금, 잔금으로 나눠 업체에 지불한다. 계약서를 쓸 때 비율을 정하는데 건축주와 시공업체가 협의하여 조정할 수 있다.

간혹 공사 시작 전 공사비용이 없다면서 계약금을 전체 공사비 50% 이상으로 요구하는 업체가 있다. 공사비는 계약 내용에 맞춰, 약속한 품질대로, 시공이 되었을 때 협의된 비용만큼 지불해야 공사가 중간에 멈추는 것을 방지할 수 있다.

현장 돌발상황 정리

과정이 많을수록 돌발상황이 자주 발생한다. 집짓기가 매끄럽게 진행되면 좋겠지만, 어떤 현장이든 예상하지 못한 돌발상황은 생기기 마련이다. 대표적으로 안전사고와 주변 민원 등이 있다.

경험이 없는 사람은 어떻게 해결할지 몰라 당황한다. 조언 얻을 사람을 수소문하고 해결방안 찾는데 시간을 쓴다. 때로는 공사할 때는 문제인 줄 모르지만, 공사 끝나고 문제점이 수면 위로 떠오르는 경우도 있다.

반면 경험이 많은 전문가는 원인을 파악하여 가장 빠르게 대응할 방법을 찾는다. 역할분담을 하여 필요 업무를 알려주기도 한다.

시공 업체과 건축주 의견 조율

CM은 현장의 중재자다. 서로 이해관계가 맞물린 건축주와 업체 사이, 의견 대립이 있을 때 CM이 제삼자의 위치에서 양쪽 의견을 듣고 정리하여 합리적인 대안을 마련한다. 문제의 원인을 설명하고, 차이를 좁혀 원활한 소통을 돕는다.

옹벽공사를 하고 있는 현장이 있다. 도면에는 단 3개가 있는 계단식 옹벽인데, 시공 과정에서 단 1개인 높은 옹벽이 되어있었다. 건물 2층 높이의 옹벽이 부담스러워 계단식으로 끊어 설계한 건축가의 의도가 사라졌다. 현장시공자에게 상황을 물었다.

"4m 옹벽으로 공사 중이던데, 어떻게 된건가요? 도면에는 계단처럼 만들어서 그 위에 나무 심는 걸로 되어있는데요."

"건축주께서 옹벽 높게 쳐도 된다고 했어요."

이번에는 건축주를 찾아갔다.

"땅이랑 옹벽 사이에 50cm 공간이 파여 있더라고요. 거기에 나무 심으면 될 것 같아서요."

건축주가 도면을 이해하지 못했고, 설계자와 현장시공자가 도면을 잘 설명하지 않아서 생긴 일종의 '소통 문제'였다.

"그 공간은 옹벽을 세우기 위해 잠시 파 놓은 겁니다. 나중에 메꾸면 사라져요."

"전혀 몰랐어요. 어쩌죠?"

현장 소장과 이야기했더니 옹벽을 계단식으로 바꿀 수 없을 정도로 공사가 진행된 상황이었다. 시공사는 뜯고 다시 공사해야 한다고 돈을 더 달라 하고, 건축주는 예산이 부족해서 지금 당장 돈을 줄 수 없다고 한다.

다행히 옹벽에 콘크리트를 붓기 전이었다. 옹벽에 식물을 심을 수 있는 동그란 구멍을 일정하게 뚫어 식물을 심기로 했다.

집짓기 현장은 눈에 보이는 결과가 완성이 아니다. 구멍을 파거나, 경계를 만드는 것은 공사하기 위한 준비과정이다. 섣부른 판단은 추가비용을 발생시킨다.

옹벽 구멍에 덩굴장미를 심은 예시 사진(→)

제가 할 일은 무엇인가요?

땅을 샀다면 '하고 싶은 것', '해야 하는 것', '할 수 있는 것'을 먼저 구분해야 하지만 대체로 그렇지 못하다. '하고 싶은 것'도 많고, '해야 할 것'도 많아 서둘러 집을 짓는다. 시작하고 나니 정작 '할 수 있는 것'이 별로 없다. 그러나 이미 들인 시간과 비용을 생각하면 중단할 수도 없다. 결국 이러지도 저러지도 못해 실의에 빠지면서 집 짓는 일은 땅만 있다고 아무나 할 수 있는 일이 아니라는 것을 깨닫는다.

생각한 공간이 만들어지고 있는지 확인

업체 선정부터 준공까지 각 분야의 전문가가 할 일과 직접 할 수 있는 일을 파악하여 업무를 분담하면 심적 부담이 줄어든다. 세부적인 것은 전문가에게 맡기고 건축주는 내가 원하는 공간이 잘 만들어지고 있는지 관리·감독·응원·결정하면 된다.

오케스트라처럼 조화로운 집짓기

집짓기와 비슷한 환경이 오케스트라다. 오케스트라에는 지휘자, 연주자, 작곡가, 작사가가 있다. 네 명이 각자의 역할을 하며 조화를 이루어야 아름다운 음악이 완성된다. 집짓기도 마찬가지다. 기획자, 기능인, 기술자, 건축주의 역할이 조화롭게 이루어져야 집짓기에 성공한다.

건축주는 작사가

건축주는 예산을 마련하고 전문가들이 자신의 업무에 집중할 수 있도록 응원하며, 선택의 순간이 왔을 때 과감하게 결정한다.

작사가는 곡을 만들어 연주하기 위해 하고 싶은 말, 즉 가사만 쓸 수 있다. 아무리 좋은 곡이라고 해도 혼자서 여러 악기를 연주할 수는 없다. 할 수 있는 것을 선택하고 집중하는 것이 필요하다.

설계사무소는 작곡가

설계사무소는 작곡가다. 작사가가 말하고 싶은 내용에 공감하여 방향을 정하며, 실체화할 수 있는 악보(=도면)를 그린다.

설계사무소는 토목과 건축으로 나누며, 이 두 업체는 긴밀하게 협업하는 구조다.

시공자는 연주자

시공사는 연주자다. 설계사무소에서 만든 도면으로 눈에 보이는 실체를 만든다. 목수, 미장이 등 현장기능인이 포함되며, 토목과 건축으로 나눈다.

PM과 CM은 지휘자

PM은 설계를 지휘하고, CM은 공사현장을 지휘한다. 집짓기 과정에서 발생할 수 있는 위험요소를 방지하고, 위험요소가 생겼을 때는 빠르게 대처한다. 업체와 건물주, 업체와 업체 간 의견 충돌이 있을 때 중재자 역할을 한다.

지휘자는 바이올린, 비올라, 플룻, 호른 등의 악기 연주자가 조화롭게 곡을 연주할 수 있도록 오케스트라를 운영하고 관리한다. 모든 악기의 특성을 알아야 뛰어난 청력으로 불협화음을 잡아낸다. 지휘자가 없다면 오케스트라는 아름다운 곡을 연주할 수 없다. PM과 CM이 빠진 집짓기는 지휘자 없는 오케스트라와 같다.

집짓기 전, 알아야 할 것이 있나요?

'카더라 통신'에 흔들리지 않기

주변인들의 말이 혼란스럽게 할 때가 많다. '카더라 통신'이다. 카더라 통신은 집 짓는 현장, 박람회장, 지인 등 항상 주변을 맴돈다. 정확한 정보를 모를 때 10명이 한마디씩 하면 10번 흔들린다.

설계방법, 허가과정, 자재사용 등은 상황에 맞는 나름의 이유가 있다. 주변 말에 흔들리지 않으려면 그렇게 해야 하는 이유를 정확히 알아야 한다. 집짓기 전에 집짓기 공부를 해야 하는 이유다. 무엇보다 이유를 설명해 주는 전문가를 만나야 한다.

흔하디흔한 주변의 건축업자, 셀프 인테리어, 취미가 목공인 사람, 집 한번 지어본 사람, 집 지은 사람을 잘 아는 사람 등, 집을 지으려고 하면 모두가 한마디씩 조언한다.

사주팔자와 풍수지리에 따라 결정이 달라지기도 한다. 구설수, 관재수가 있으니 올해는 집을 짓지 마라, 또는 터가 안 좋다던가, 기가 막혀서 뚫어야 한다 등의 말은 집을 잘 짓고 싶은 마음을 충분히 흔들어 놓는다.

지붕 방수공사를 할 때 일반적으로 녹색 방수 페인트를 많이 사용하지만, 햇빛에 약하다. 부풀림과 수축을 반복하다가 방수 페인트 막이 터지고 갈라진다. 이를 방지하기 위해 방수 페인트 위에 옥상녹화나 자갈을 올려야 하는데 주변 사람들의 말을 듣고 믿지 못해 쉽게 동의하지 않을 때도 있다.

의심스러운 것은 질문하고 공부하면서 올바른 정보를 찾아내는 능력을 키워야 집짓기에 성공한다.

진행된 만큼 돈 지불하기

공사할 때 많은 돈을 쓰는데 돈을 지불할 때도 기술이 필요하다. 예산을 보호하며 시공하기 위해서는 공정에 맞춰 돈을 지급한다. 미리 지불했다가 업자가 돈을 들고 달아나거나 제대로 공사를 하지 않는 상황을 방지하기 위해서다.

그런데 공사가 어디까지 진행됐는지 어떻게 알 수 있을까? 시공 견적서를 받을 때 '공정표'를 확인한다. 공정표란, 시공과정과 기간을 표로 정리한 것으로 전체 공사 진행 상황을 한눈에 확인할 수 있다. 시공현장과 공정표를 비교하면 예산 지급 시기를 미리 파악할 수 있다. ▶ 집짓기 전체 일정 250p.

서류를 꼼꼼히 확인하기

집을 짓기까지 관련된 서류가 수도 없이 많다. 특히 지자체에서 발행하는 '허가서'와 '필증'은 아주 꼼꼼히 읽어야 한다.

인허가를 신청하고 허가처리가 되면 지자체에서 '허가서'를 발급하는데 최종 허가를 위해 내야 하는 세금 등이 나와 있다. 정해진 기간 안에 내지 않으면 허가가 취소될 수 있다. '건축허가 시 이행되어야 할 사항'을 상세하게 설명하는 지자체도 있다. 확인하고 의문점이 있다면 허가업무를 진행한 업체에 문의한다.

중요한 것은 조건부 허가다. 조건부 허가란, 허가는 내주지만 일정 조건을 충족시키지 않으면 허가를 취소할 수 있다는 것이다. 이를 놓치면 공사가 끝나고 준공허가가 나지 않을 수도 있다. 전문가를 신뢰하지만, 최종서류는 반드시 직접 확인해야 만약에 생길 허점을 놓치지 않는다. ▶ 허가 문서 예시 224p.

행복집짓기 1호 '금산 일연재'
건축주 인터뷰

누구와 일해야 만족할 수 있을까요?

2009년 금산에 집을 지었습니다. 주말에 머무는 용도로만 쓰던 컨테이너 건물을 허물고 더 좋은 공간으로 만들고 싶었습니다. 잘 짓고 싶어서 많은 전문가를 만나며 고민했고 신중히 집을 지었습니다.

결과를 먼저 말하자면 굉장히 만족스럽습니다. 그 이유를 돌이켜 생각해 보니 '내 이야기를 들어주는 전문가'를 만났기 때문이란 생각이 듭니다.

집을 짓는 목적은 마을의 커뮤니티 공간을 만들고, 아내를 위한 황토방을 만드는 것이었습니다. 집이 중정을 중심으로 동서남북으로 열린 것도 마을 사람들이 언제든 문을 두드릴 수 있는 집을 만들고 싶었기 때문입니다.

빗소리 듣는 것을 좋아합니다. 집 안에서 빗소리를 들을 수 있게 양철지붕을 하는 것이 어떻겠냐고 건축가에게 제안했습니다. 건축가는 양철지붕은 시끄러워서 살기 불편할 것이라며 대안을 제시하더군요. 양철지붕에 흡음재를 넣어서 소리를 차단하고, 처마를 없애

1 양철지붕과 처마
처마 아래는 물이 빠지는 배수관이다.

2 빗물이 떨어지는 데크와 중정
중정은 집 내부와 바깥의 공기를 순환시켜 실내를 쾌적하게 유지한다.

1 황암토와 적삼목
2 코너창은 풍경을 더 넓게 볼 수 있다.

물이 데크에 떨어지는 소리를 듣는 것은 어떠냐고요. 대신 데크에 튄 물이 집 안으로 들어오는 것을 생각해야 한다고 했습니다. 그 발상이 퍽 마음에 들어 동의했습니다.

아내를 위한 황토방은 일연재 완공 후 1년 뒤에 지었습니다. 원래는 황토방을 친환경황토로 만들고 싶었습니다. 그런데 관리가 어렵다며 '황암토'라는 바닥 타일을 추천해 주었습니다. 바닥 난방 온도가 55도 이상이 되면 황토처럼 원적외선이 나오는 재료입니다. 황토방은 마당 연못과 가까운 곳에 있습니다. 불을 한 번 때면 이틀 이상을 가니, 어떨 때는 일연재보다 황토방에 있는 경우가 더 많습니다.

건축가와 처음 만난 날을 떠올려 봅니다. 설계비용이나 허가 가능 여부보다 저와 집사람 이야기를 더 많이 했습니다. 좋아하는 것은 무엇인지, 무엇을 하고 싶은지, 어떤 공간에서 살고 싶은지, 넣고 싶은 기능이 있는지 등의 사소하고 개인적인 대화였습니다. 그리고서 집짓기에 투자할 수 있는 예산을 물어보았습니다.

처음 전문가를 찾을 때는 알아서 잘해줄 수 있는 능력 있는 사람을 원했습니다. 하지만 알아서 잘해주는 사람은 없습니다. 나도 내가 원하는 것을 잘 모르는데, 생전 처음 보는 사람이 저의 취향을 알까요? 내 이야기가 들어가지 않는 집은 제 것이 아닙니다. 집을 설계한 건축가의 것이지요.

얼마 전, 서울에 있는 집 인테리어를 다시 하려고 업체에 맡긴 적이 있습니다. 인테리어 자재를 잘 모르니 전문가가 권하는 것으로만 진행했습니다. 도면 없이 공사했고, 어디가 어떻게 바뀌는 것인지, 어떤 재료가 얼마만큼 사용되는지 눈에 보이지 않았어요. 공사를 하고 보니 원하는 느낌이 아니어서 서너 번은 뜯고 다시 했습니다. 이상한 것 같은데 어디가 이상한지 몰라 답답했습니다. 새삼 10년 전 설계할 때가 다시 떠오르더군요.

건축가와 시간을 들여 대화한 만큼 설계 시간은 오래 걸렸습니다. 도면을 수없이 봤습니다. 수정요청도 많았어요. 작은 콘센트 하나에도 제 의견이 들어가지 않는 것이 없습니다. 모든 방에 제 손길이 녹아있습니다. 설계와 시공은 전문가가 했지만 내 의견이 많이 들어가다 보니 제가 직접 집을 지은 것 같습니다. 집에 놀러 온 사람들에게 집 소개하기도 쉽고, 할 이야기가 어찌나 많은지 시간 가는 줄 모릅니다.

건축주를 마음으로부터 생각하는 전문가는 '의견을 물어봐 주는 사람'입니다. 자세하고 구체적으로 설명하는 것도 중요합니다. 하지만 일방적으로 정보를 주기보다는 건축주의 이야기를 들은 후, 전문가의 경험과 안목으로 조언을 해주는 것이 제게 도움이 되었습니다. 내 물음에 귀 기울이고, 설계에 반영해서 꿈꾸던 공간이 눈앞에 만들어지는 순간을 만들어 주는 사람. 그 사람과 함께 했기에 10년이 지난 지금도 만족하며 살고 있습니다.

평 당 얼마예요?

평 당 공사비를 예상하기보다 예산에 맞는 집을 짓는 것이 효과적이다. 현장 상황, 면적, 자재, 법적 규제 등에 따라 예산이 달라지기 때문이다.

설계할 때 예산을 묻는 이유

A 업체의 공사비가 1억 원, B 업체는 1억 5,000만 원, C 업체는 2억 원이다. 3개 업체 중 사람들이 가장 많이 선택하는 곳은 B 업체의 1억 5,000만 원이다. A 업체는 너무 싸서 날림공사할 것 같고, C 업체는 비싸서 바가지 쓰는 것 같다는 생각에서 대체로 가운데를 선택한다. 사실 최종 공사금액은 A, B, C 업체 모두 같다. 견적내용이 다른 이유는 세부 내역의 가감된 항목 때문이다.

합리적이고 경제적인 집을 짓기 위해 예산을 알아야 한다. 어느 정도 수준으로 설계하고, 시공해야 하는지 판단하는 기준이 바로 예산이다. 예산을 알아야 비용에 맞춰 합리적으로 설계할 수 있다.

A급 건축을 하고 싶은데 설계, 허가, 시공까지 총 5억이 든다. 가진 돈이 4억뿐일 때 다음 중 하나를 선택할 수 있다.

첫째, 예산을 더 들여 원하는 A급 건물을 짓는다.
둘째, 품질은 유지하면서 예산에 맞춘 설계 방법을 찾는다.
셋째, 공사 규모를 줄이거나 다른 재료를 사용한다.

선택은 건축주의 몫이고, 전문가는 여러 대안을 제시한다.

같은 면적이라도 디자인, 외벽 길이, 자재 등으로 금액이 다르다. (→)

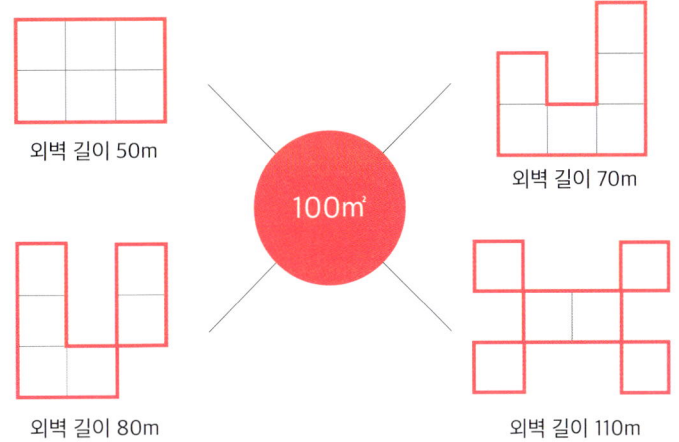

"평당 얼마예요?"에 답하지 못하는 이유

"시골에 주택을 지으려고 하는데, 평당 공사비가 얼마죠?" 이런 전화를 받으면 말이 막힌다. 땅의 면적, 공사의 난이도, 공사에 필요한 재료, 설계비 등 그 어떠한 것도 고려하지 않고서는 질문에 답할 수 없다.

토목공사를 할 때 같은 면적이라도 경사도에 따라 공사비가 다르다. $330m^2$(100평)의 평지에 공사하는 것과 $330m^2$(100평)의 경사지에 공사하는 것이 같을 수가 없다. 건축설계를 할 때는 같은 면적이라도 외벽길이, 즉 디자인에 따라 비용이 달라진다.

"예산 잡으려고 하는데 그래도 대충 얼마인가요?"

평당 금액을 정할 수 없는 이유를 설명해도 막무가내로 묻는다. 의미 없는 견적이라는 걸 알면서도 평당 금액에 답해줄 때가 많다.

대충 받은 견적을 답이라 생각하고 예산을 잡은 사람들은 전문가에게 물었고 전문가가 답변했다고 생각한다. 막상 설계하고 공사에 들어가면 초기 예산보다 20~30% 많이 들어간다. 공사비용이 더 늘어난 것이 아니다. 처음부터 예산을 대충 세운 탓이다.

꼭 알아야 하는 지출 내역

올바른 예산을 세우기 위해서 예산에 어떤 항목이 있는지 알아야 한다. 일반적으로 설계비+공사비, 혹은 허가 비용+공사비가 집짓기 비용 전부라고 생각하는데 시골땅에 집 지을 때는 그보다 더 많은 요소가 있다.

설계비, 허가 비용, 측량비용, 농지보전부담금, 대체산림자원조성비, 점용허가 비용, 인허가보증보험, 국민주택채권, 등록 면허세, 고용산재보험 등 공사비 이외에도 들어가는 돈이 많다.

예산 내역을 꼼꼼히 살피면 집짓기에 생각보다 많은 돈이 들어간다는 것을 알고 놀란다. 완벽한 집은 없다. 합리적인 예산으로 집 짓는 것이 성공하는 집짓기의 가장 **빠른** 길이다.

행복집짓기 8호 '지리산 청강원'

tip. 집짓기 단계별 예산 항목

공정	예산 항목	지불대상
총괄기획 (PM)	프로젝트 기획 및 운영자문 법·규모검토, 맞춤상담, 개념설계, 건축주와 설계 업체 소통 및 의견조율, 토목·건축·부대공사 추정예산, 설계·인허가 추정예산	PM
계획설계	건축공간계획 설계	건축설계사무소
	현황측량, 토지공간계획 설계	토목설계사무소
	대지경계측량	LX한국국토정보공사
실시설계	건축 실시설계 (공사도면)	건축설계사무소
	토목 실시설계 (공사도면)	토목설계사무소
개발행위허가	토목 허가도면 접수 및 허가에 필요한 행정업무	토목설계사무소
	농지전용 : 농지보전부담금 (지목이 [전] [답]일 때)	한국농어촌공사
	산지전용 : 대체산림자원조성비 (지목이 [임]일때), 산림조사서	산림청
	점용허가 : 진입도로 점용허가비용, 도로굴착 점용허가비용	담당 지자체
	인허가보증보험증권	서울보증보험
	지역개발공채	담당 지자체
	세금 : 등록면허세	담당 지자체
건축인허가	건축 허가도면 접수 및 허가에 필요한 행정업무	건축설계사무소
	국민주택채권	서울보증보험
	세금 : 등록면허세	담당 지자체
	고용/산재보험 (건축필수)	보험사
착공신고	안전관리기술지도비용 (1억원 이상 공사현장 및 건축허가대상 필수)	안전관리전문업체
	현장대리인선임 (건축공사 필수)	현장대리인
	감리 지정비용(규모에 따라 면제)	감리 전문 업체
시공관리 (CM)	공사현장 관리 공사내역서 검토, 계약서 검토, 공정별 품질관리, 현장리스크 관리 예산 집행·확인, 업체와 건축주 소통 및 중재	CM

※ 개발행위허가 및 건축인허가는 면적에 따라 예산항목이 다르다.

공정	예산 항목	지불대상
토목공사	토공사 : 성토, 절도, 구조, 옹벽 등	토공사 전문시공업체
	배수공사 : 우오수관, 맨홀 등 매립	배수공사 전문시공업체
	전기/통신공사 : 전기, 통신관 등 매립	전기/통신 전문시공업체
	수도공사 : 수도관 등 매립	수도 전문 시공업체
	도로포장공사 : 아스팔트, 콘크리트, 아스콘, 보도로 경계석 등	포장 전문 시공업체
건축공사	토공사 : 터파기	건축시공업체
	구조공사 : 목구조, 철근콘크리트구조 등	
	내/외벽공사 : 단열재, 스타코, 벽돌, 페인트 등	
	바닥공사 : 온수파이프, 단열재 등	
	지붕공사 : 징크, 아스팔트싱글, 점토기와, 스패니시 기와 등	
	유리/창호공사 : 현관문, 유리, 창호	
	기계/설비공사 : 위생설비(도기, 세면대), 온수, 급탕, 보일러, 에어컨 등	
	전기/통신공사 : 내부 전기 및 통신, 전등, 콘센트 등	
	인테리어공사 : 도배, 장판, 도장(페인트), 문틀, 문짝 등	
부대공사	전기/통신관 연결, 전력계량기 설치 등	전문시공업체
	수도관 연결, 수도계량기 설치 등	
	정화조 설치 등	
	우오수관 연결 등	
	필지 내 주차장 등	
	태양열, 태양광, 지열	신재생에너지 전문업체
조경공사	나무, 잔디 식재	조경전문업체
	데크, 울타리, 정원등 등 설치	
사용승인접수 (준공허가)	개발부담금 (도시 외 지역 1,650㎡ 미만 면제)	담당 지자체
	하수도 원인자부담금 (근린생활시설 중 음식점일 때 부담하나, 10톤 미만일 경우 면제될 수 있다. 단 조례를 따름)	담당 지자체
	세금 : 건축취득세	담당 지자체

Chater.3

집짓기 좋은 땅을 찾았다

행복집짓기 8호 '지리산 청강원'

내 땅 정보는 어디서 얻나요?

땅을 사기 전 토지이용계획확인원, 토지대장, 지적도등본으로 내 땅의 정보를 파악한다. 측정 방법에 따라 면적이 달라질 수 있으므로 서류별 내용이 일치하는지 교차 검토한다.

'토지이용계획확인원'은 인터넷으로 간략하게 토지정보와 행위제한을 확인할 수 있다. 검색창에 '토지이음(구. 토지이용규제정보서비스)'라고 검색한 뒤 주소를 입력하면 자유롭게 볼 수 있다. 법적 효력없는 참고용이다.

'토지대장'에는 토지의 지번, 사용용도(지목), 실제 면적, 소유자의 주소, 이름, 주민등록번호 등이 기재되어 있다. 사용용도, 소유자, 공시지가의 변동추이를 확인한다.

'지적도'는 토지를 세분화하여 필지별로 구분하고 땅의 경계를 그어놓은 것으로 토지의 전체적인 모양과 옆 토지와의 경계, 도로 등을 정확하게 확인할 수 있다. 건축물이 있다면 **건축물대장**을 확인하고, 등기부등본에서 토지 소유자의 변동, 근저당, 세금 체납 여부 등을 검토한다.

지적도와 임야도

지적도: 토지대장에 등록된 토지정보를 알기 쉽게 도면으로 표시한 것이다. 대체로 1/1,200 축척이지만 도시화가 진행되어 밀집 된 곳은 1/500 축척을 사용한다.

임야도: 임야대장에 등록된 토지정보를 알기 쉽게 도면으로 표시한 것이다. 1/6,000축척을 사용한다. 예를 들면 주소지가 '산 23-3임'일 때 임야도를 본다. 산지관리법을 적용한다.

'토지이용계획확인원' 보는 방법

토지이음 검색창에 주소지를 입력하고 열람 버튼을 누른다. 만약 '조회할 수 없다'는 내용이 나오면 주소를 정확히 입력했는지 확인한다. 문제가 없다면 화면 우측 상단에 지자체의 관련 부서 연락처가 있으니 전화로 문의한다.

토지이용계획확인원을 볼 때 4가지를 중점적으로 살핀다. 지목, 지역·지구, 지적도, 행위 제한이다.

집 지을 수 있는 땅인가

지목은 땅의 종류를 구분, 표시하는 명칭이다. 모든 땅에 건물을 지을 수 없으므로 내 땅에 어떤 건축이 가능한지 알려면 [지목]을

대지와 지목 상 대지

일반적으로 땅 전체를 아우르는 말로 '대지'를 사용하지만, 지목에서 뜻하는 대지는 '주거용이나 상업용으로 건축이 가능한 땅'이다. 상황에 맞게 두 가지를 구분해야 한다.

확인한다. 국토교통부에서 지목을 28가지*로 나누고 있다. 집, 상가, 상가주택 등을 지으려면 [전, 답, 임, 대, 잡, 과수원, 도로, 구거] 를 눈여겨본다.

전	답	과수원	목장용지	임야	광천지	염전
대	공장용지	학교용지	주차장	주유소용지	창고용지	도로
철도용지	제방	하천	구거	유지	양어장	수도용지
공원	체육용지	유원지	종교용지	사적지	묘지	잡종지

지목 '대'와 '잡종지'는 바로 건축할 수 있다. 그래서 다른 지목에 비해 선호도가 높고 값도 비싸다. 다만 토지를 50cm 이상 파거나 쌓을 때는 개발행위허가를 받아야 한다.

'전(밭)', '답(논)', '과수원'에 건축하려면 '개발행위허가(농지전용허가 포함)'를 받는다. 과수원은 유실수를 재배하는 땅으로 농지로 취급하므로 개발행위허가(농지전용허가 포함)'를 받는다. '임야(산)'도 마찬가지로 '개발행위허가(산지전용허가 포함)'를 받아야 한다. ▶농지전용허가 206p./ 산지전용허가 210p.

전, 답, 임, 과수원인 토지를 지목 '대'로 바꾸고 싶다면, 개발행위허가 및 건축허가를 받아 건축물을 올린 뒤, 지목변경신청을 한다.

'도로'는 자동차와 사람이 다닐 수 있는 길이며, '구거'는 배수로다. '도로'와 '구거'는 허가 여부를 결정짓는 중요한 요소로 면밀히 검토해야 한다. ▶허가받을 수 있는 도로 84p./ 땅 구매 전 확인해야 하는 배수시설 88p.

몇 평짜리 집을 지을 수 있는가

지역·지구는 건축에 대한 행위제한규제로 단독주택을 할 것인

---

* 공간정보의 구축 및 관리 등에 관한 법률 제67조(지목의 종류)

지, 상가를 지을 것인지, 음식점을 할 것인지 건축물의 용도를 제한하고 건축물의 규모(용적률, 건폐율)를 정한다. ▶건폐율과 용적률 95p.

지적도와 위성사진의 비교

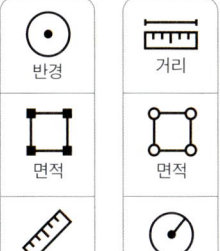

땅의 모양, 경계선, 다른 땅과의 관계, 도로와의 관계를 알 수 있는 지적도를 위성사진과 비교한다. 지적도 상의 도로와 실제 도로가 다를 수 있기 때문이다.

위성사진과 거리뷰를 이용하면 직접 땅을 보러 가지 않아도 많은 정보를 얻을 수 있다. 지적도와 위성사진을 비교하며 도로와 주변 건물을 파악한다. 정확하지는 않아도 거리 측정 툴을 활용해서 도로 폭을 확인할 수 있다.

추가로 알면 좋은 것

공시지가란, 국토부가 조사하고 평가한 토지의 단위면적당 가격($원/m^2$)이다. 토지개발에 따른 세금(개발부담금, 농지보전부담금, 산지전용부담금 등)을 면적, 공시지가를 활용하여 계산한다.

[필수]

땅 사기 전 도로 폭을 확인하세요!

도로와 접하지 않는 땅을 '맹지'라고 하여 건축이 불가능한 땅이라고 말한다. 건축법상 필지와 도로가 접해야 건축 가능하기 때문이다. 그런데 도로가 있다고 해도 무조건 땅을 사면 안된다.

가장 먼저 지목과 도로 폭을 확인한다. 지목이 '도로'라면 허가받는 데 문제가 없지만, 도로가 아니라면 땅의 소유주를 확인해야 한다. 사도일 경우 사용승낙서를 받을 수 있는지 땅 사기 전에 미리 확인한다.

허가의 첫번째 요건, 건축법상 도로

건축법에서 '도로*'란 보행과 자동차 통행이 가능한 너비 4m 이상의 도로다. 허가를 받으려면 '건축법상 도로'로 인정되는 도로와 맞닿아 있어야 하지만, 사업부지 규모(면적)에 따라 도로 폭의 허가조건이 다르다. 사업부지의 규모가 5,000m^2(1,512평) 미만은 4m 이상, 5,000m^2 이상 3만m^2(9,075평) 미만은 6m 이상, 3만m^2 이상은 8m 이상의 도로에 접하거나 도로를 개설**해야 한다.

시골땅 집짓기의 핵심, 마을안길

기존 마을안길, 농로에 접한 경우는 도로확보기준을 적용하지 않아도 허가받을 수 있다.

시골에는 차는 다닐 수 있지만, 폭이 4m가 아닌 도로가 많다. 도시계획으로 만든 도로가 아니라 사람이 다니면서 자연스럽게 생긴

* 건축법 제2조(정의)
**개발행위허가 운영지침 제3장, 제3절 건축물의 건축 및 공작물의 설치 3-3-2-1 도로 (2)

(↑) 지적도상에는 도로가 없는데 위성사진에는 도로가 있다.

관습적 도로다. 이를 법에서 '마을안길'이라고 표현한다. 지적도에 마을안길이 표시되지 않거나 실제 도로와 모양과 폭이 다를 수도 있다. 위성사진이나 도로 뷰, 현장방문을 통해 실제 도로가 어떻게 나 있는지 확인해야 한다.

부지면적이 1,000㎡(302평) 미만일 경우, 도로 폭이 4m가 되지 않아도 마을안길로 인정되면 조건에 따라 허가를 받을 수 있다. 단, 차량 진출입이 가능한 폭 3m의 도로면서, 단독주택 및 제1종 근린생활시설만 허가받을 수 있다.*

지자체에 따라 마을안길에 대한 정의가 다를 수 있어 땅을 사기 전 허가받을 수 있는지 확인이 필요하다.

근린생활시설
슈퍼마켓, 병원, 제과점(빵집), 식당, 미용실, 동사무소 등 생활에 도움을 줄 수 있는 시설이다. 업종별 규모에 따라 제1종 근린생활시설, 제2종 근린생활시설로 나뉘며, 제2종 근린생활시설의 규모가 제1종 근린생활시설보다 크다.

땅 사기 전 소유주 확인

중요한 것은, 마을안길의 소유주다. 도로가 국유지인 것에 비해 마을안길은 사도가 많다. 사도일 때는 소유주로부터 사용승낙서를 받아야 허가를 받을 수 있다. 사용승낙서를 받기 어려울 때 토지를 매입하기도 한다.

---

* 개발행위허가 운영지침 제3장, 제3절 건축물의 건축 및 공작물의 설치 3-3-2-1 도로 (3)-①

도로 안쪽에 기존 집이 있어도 도로 폭이 4m 미만이라면 허가 가능 여부를 검토해야 한다. 시골에는 건축법, 개발행위허가 관련 법이 생기기 전부터 있던 구옥이 많다. 당시에는 건축할 수 있었으나, 현재는 법이 바뀌면서 건축하지 못할 수도 있다. 눈앞에 도로가 있다고 무조건 사기보다는 다시 한번 법령, 주변 환경, 소유주 등을 확인할 필요가 있다.

콘크리트로 포장한 폭 3m의 마을안길. 대상지는 사도여서 땅 주인의 사용승낙서를 받아 도로를 만들었다. (→)

땅 면적에 따른 도로 폭

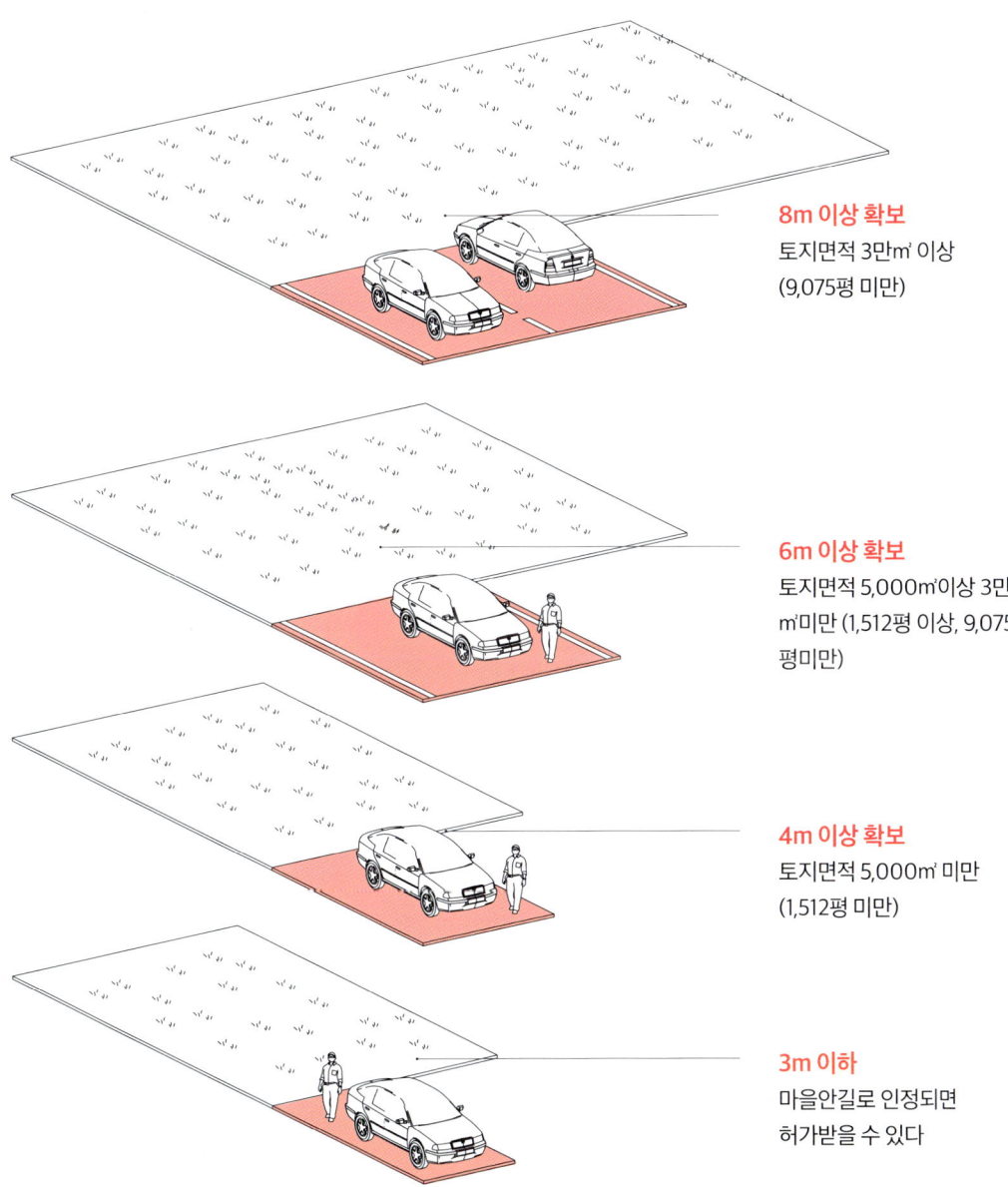

8m 이상 확보
토지면적 3만㎡ 이상
(9,075평 미만)

6m 이상 확보
토지면적 5,000㎡ 이상 3만 ㎡미만 (1,512평 이상, 9,075 평미만)

4m 이상 확보
토지면적 5,000㎡ 미만
(1,512평 미만)

3m 이하
마을안길로 인정되면
허가받을 수 있다

[필수]

땅 사기 전 배수로 위치를 확인하세요!

배수에 이용되는 통로나 경로를 '배수로'라고 하며, 지목은 '구거 또는 하천'이다. 배수시설을 정비하지 않으면 사용한 물이 다른 집으로 들어가거나, 오염된 물이 그대로 하천으로 방류될 수 있어서 허가 받을 때 배수 설치 여부를 확인해야 한다.

배수로의 종류와 역할

배수로는 크게 자연구거, 농업용수로, 매립배수로로 나눈다.

자연구거는 오래전부터 자연스럽게 물길이 만들어진 배수로다. 평소 흙과 나무, 잡초 등으로 메워져 있어 물길로 이용되지 않거나, 실제 도로의 일부로 사용되어 맨눈으로 식별이 어렵다. 빗물이 아닌 오염된 물은 자연구거로 흘려보낼 수 없다.

자연구거

농업용수로

매립배수로

매립배수로와 그레이팅

농업용수로는 논과 밭을 관리하고, 농작물을 경작하는데 필요한 물을 공급하는 수로다. 농업용수로에 빗물이 아닌 오염된 물을 흘려보내지 못한다. 부득이한 경우 분뇨, 주방, 세면 등의 물을 정화하는 정화조를 설치해서 흘려보낼 수 있으나, 똥물이라는 인식 때문에 농민들의 민원이 발생하기 쉽다.

매립배수로는 지하에 묻혀있는 것으로, 직접 눈에 보이지 않는다. 맨홀 뚜껑의 위치와 옥외 배수구의 뚜껑 등에 쓰이는 격자 모양의 그레이팅으로 배수시설 설치 여부를 확인한다.

땅과 배수로의 거리와 경사도

필지와 배수로의 거리는 공사비와 직결된다. 배수관이 길어질수록 공사비용이 상승하는 것은 당연한 이치다. 또 배수로를 따라 사유지가 있다면 가는 길마다 토지사용승낙서를 받아야 한다.

배수처리가 낮은 곳으로 연결되었다면 허가받기 어렵다. 이를 '역구배'라고 한다. 역구배인 택지는 버려야 할 물이 집으로 넘쳐흐르기 때문에 배수된다고 볼 수 없다. 면적이 큰 임야의 경우 대지의 경사도를 확인하지 않고 땅을 잘라 이러한 문제가 생기기도 한다.

오염된 물 버리기 전 주의사항

집을 새로 지은 A씨가 오수관로를 연결하려 한다. 어떻게 할지 몰라 인근 마을주민에게 물었더니 오수 관로가 없어서 하천에 흘려보낸다고 한다. 마을 사람들도 다 그렇게 한다는데, 정말 하천에 오수를 버려도 되는 걸까?

개인 하수처리시설(정화조)을 설치했다면 오수를 버려도 된다. 다만, 하수처리 방법과 설치해야 하는 정화조의 종류는 지자체 기준에 따라 달라 담당 지자체의 확인이 필요하다.

배수로 위치와 땅의 기울기

사도와 토지사용승낙서
내 땅에서 주변 땅에 배수로를 연결할 때, 사도가 있으면 토지사용 승낙을 받아야 한다.

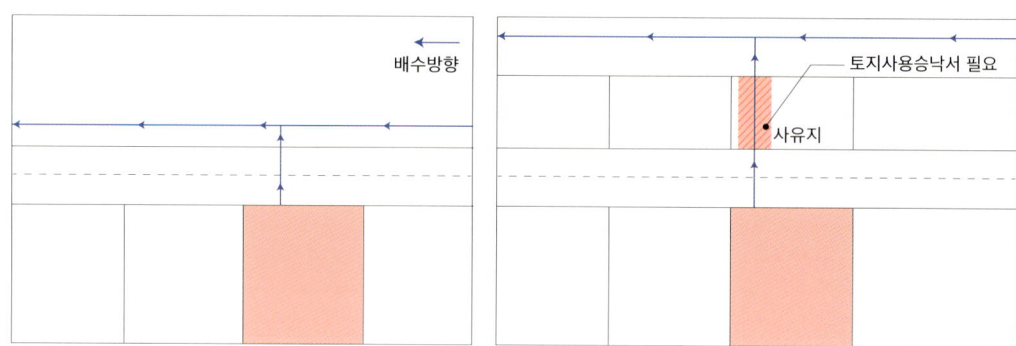

배수와 기울기
정상적인 배수시설, 높은 곳에서 낮은 곳으로 물이 흐른다.
역구배, 낮은 곳에서 높은 곳으로 물을 흘려보낼 수 없다.

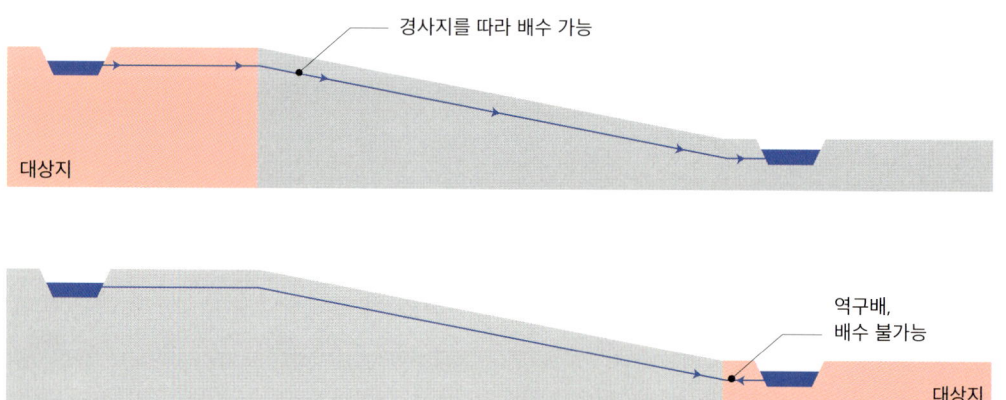

하수·우수·오수 차이

하수처리와 배관 연결을 이해하기 위해서는 오수와 우수를 구분해야 한다. 오염된 물과 빗물은 하수다. 하수는 오수와 우수로 나눈다. 오수는 욕실, 세면기, 주방, 화장실 변기물 등이며, 우수는 빗물이다.

우수는 하천이나 배수로에 바로 흘려보낼 수 있지만 오염된 물(오수)은 그대로 하천이나 바다에 방류할 수 없다. 환경오염 문제로 반드시 정화 과정을 거쳐야 한다. 오염된 물은 하수종말처리장에서 정화하거나 개인이 정화시설을 설치해도 된다.

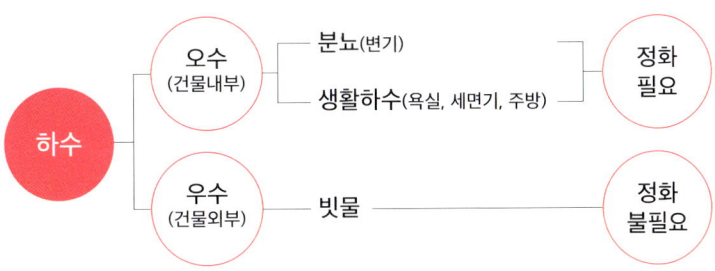

정화조를 반드시 설치해야 하는 경우

집에서 나온 오수를 공공하수도에 연결해서 바로 하수처리장으로 내보낼 때는 정화조를 설치하지 않는다. 대신, 세금으로 물을 정화하기 때문에 '원인자부담금'을 낸다. 건축물의 용도별 오수처리량이 10t 미만이면 원인자부담금이 면제된다. 지자체마다 부과기준과 징수방법이 달라 확인이 필요하다.

도시지역은 하수종말처리장에서 정화하면 된다. 기반시설이 충분하지 않은 시골일 경우, 개인 하수처리시설을 갖추기 위해 분뇨정화조 혹은 합병정화조를 설치한다. 분뇨정화조는 탱크에 오수를 모아두었다가 정기적으로 탱크를 비우는 방법이고 합병정화조는 정화조 내에서 오수를 정화한 후, 깨끗한 물을 흘려보내는 방식이다. 빗물은 하천 등으로 흘려보내고, 오수는 반드시 정화조에서 정화한 후 흘려보낸다.

지역마다 배수시설, 지자체의 조례 등이 다르고 택지의 특징도 다르다. 배수 문제로 허가가 어려워지는 상황이 생기지 않도록 꼼꼼히 확인해야 한다.

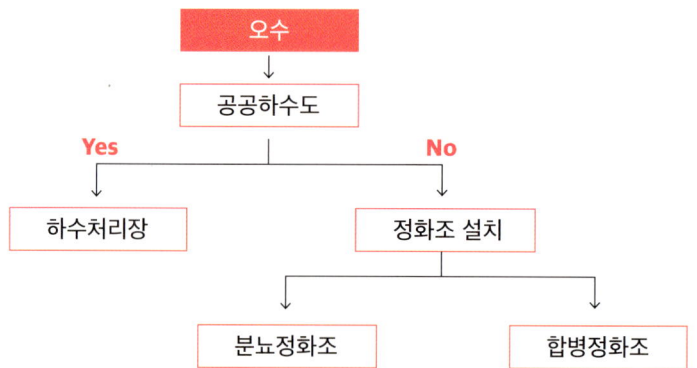

[필수]

산을 살 때는 경사도를 확인하세요!

밭이나 논은 평지가 많지만, 임야는 대부분 경사지여서 경사도를 확인해야 한다. 산지관리법에 따르면 평균 경사도 25도 이상이면 건축하기 어렵다. 도로와 배수는 검토했는데 경사지를 미처 확인하지 않아 허가를 받지 못할 수가 있으니 반드시 점검해야 한다.

임목 본수 즉, 개발지 내 우량수목의 존치율도 검토한다. 개발지 내 보존해야 하는 우량수목이 많으면 개발행위허가를 제한받을 수 있다.

우량수목 존치율
보호해야 하는 나무가 일정 수량이 넘으면 그 땅은 개발할 수 없다.

평균 경사도의 중요성

산지를 개발할 때는 무엇보다 경사도 즉, 산의 기울기가 중요하다. 산의 경사가 허용기준을 넘어 가파르면 부지조성공사가 어렵고, 공사 완료 후에도 여러 가지 안전상에 문제가 있다고 판단되면 허가받기 어렵다. 산지관리법에서는 허용기준이 25도 이상이나 지자체마다 기준이 조금씩 다르다. 지자체에 허용 경사도를 문의하고 확인한 후 토지를 구매해야 한다.

공장부지로 적당한 땅인지 문의가 들어왔다. 땅을 살펴보다가 이상한 부분이 있어 문의한 사람에게 연락을 취했다.

"여기 경사가 심해서 허가 안 날 것 같습니다."

"양옆에 이미 공장이 들어섰는데요. 허가는 당연한 거 아닌가요?"

"옆 공장들은 어떻게 허가받았는지 모르지만, 지자체에 확인해야 합니다."

며칠 후, 연락이 왔다.

"경사도가 15도를 넘으면 허가가 안 나는데, 그 땅은 17도라네요. 지자체에 확인 안 했으면 큰일 날 뻔했어요. 정말 감사합니다."

모든 지역이 '평균 경사도 25도 이상의 땅은 건축할 수 없다'라는 법을 따르지는 않는다. 지역의 특성을 고려해서 '평균 경사도 15도가 넘으면 건축할 수 없다' 라는 지자체 조례를 적용하기도 한다.

평균 경사 15도 기준으로 평지가 많은 지역은 개발할 수 있는 땅이 많다. 그러나 산간 지역은 평균 경사도 15도 이하인 땅이 적어 택지 개발에 어려움이 따른다.

지역 간의 균형 발전을 위해 지자체별로 평균 경사도 기준을 다르게 적용하게 된 이유이다.

평균경사분석도를 통해 경사도를 확인한다. (→)

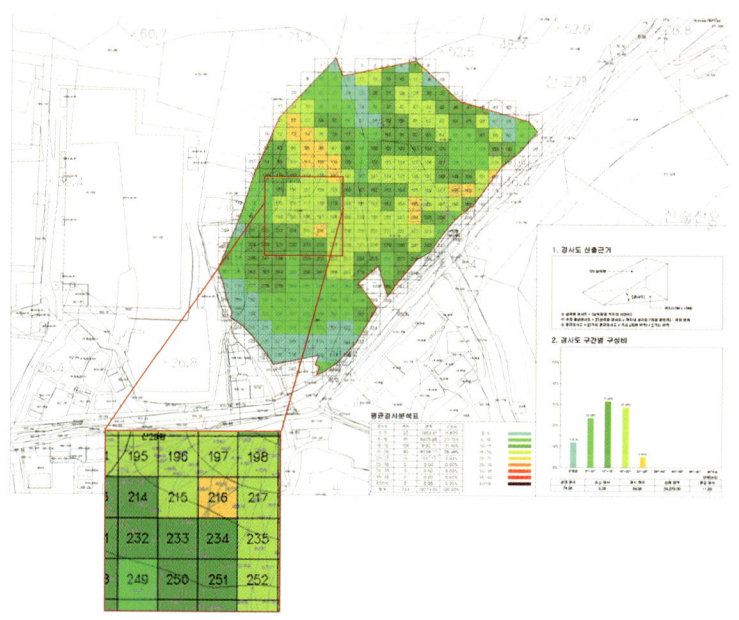

[필수]

몇 평까지 지을 수 있나요?

　건축물의 규모를 정하는 것은 토지면적에 따른 용도지역 별 건폐율과 용적률이다. 규모검토에 필요한 것은 토지면적, 건폐율, 용적률 3가지다. 건폐율과 용적률은 지역·지구에 따라 다르며, 지자체마다 조례로 별도 지정할 수 있어 확인이 필요하다. 관리지역의 건폐율과 용적률은 아래와 같다.

관리지역			
	보전관리지역	20% 이하	50이상 80% 이하
	생산관리지역	20% 이하	50이상 80% 이하
	계획관리지역	40% 이하	50이상 100% 이하

건폐율

　건폐율이란, 대지면적 대비 건물이 차지하는 건축면적(수평투영면적)의 비율이다.

　대지면적이 $330m^2$(100평)일 때, 건폐율이 40% 라면, 바닥에 지을 수 있는 면적은 $330m^2$(100평)의 최대 40%, 즉 $132m^2$(40평)다. 건폐율이 20% 라면 $330m^2$(100평)의 땅에 건축면적 $66m^2$(20평)의 건물을 지을 수 있다.

건폐율(↓)

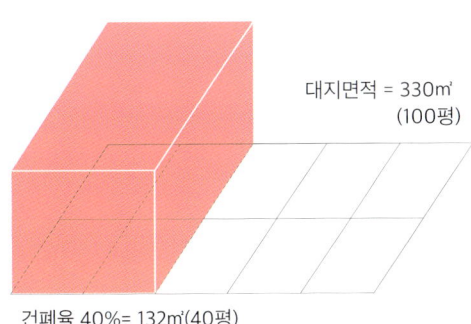

건폐율 40%= 132㎡(40평)

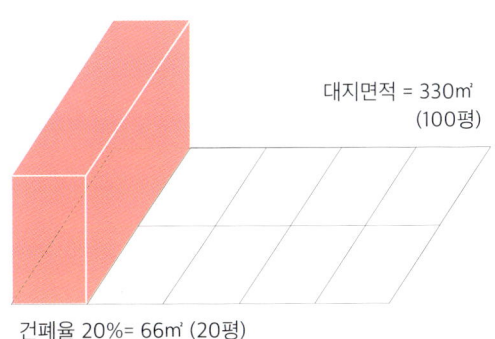

건폐율 20%= 66㎡ (20평)

용적률

용적률을 계산하기 전에 연면적을 알아야 한다. 연면적은 건축물의 각 층 바닥면적의 합계를 말한다. 1층 $66m^2$(20평), 2층 $66m^2$(20평), 3층 $66m^2$(20평)의 건물의 연면적은 $198m^2$(60평)이다.

용적률이란, 대지면적에 대한 연면적의 비율이다. 대지면적이 $330m^2$(100평) 일 때, 용적률이 100% 이하라면, 내가 지을 수 있는 건물의 면적은 얼마일까? 각 층의 면적을 합쳐 총 $330m^2$(100평)를 지을 수 있는데 용적률이 80% 이하라면, 각 층의 면적을 합쳐 $312m^2$(94평)까지 지을 수 있다.

그렇다면 $330m^2$(100평)의 땅에 건폐율이 40% 이하, 용적률이 100% 이하일 때, 만들 수 있는 최대 건축면적은 얼마일까? 우선 건폐율에 따라 1층 면적은 $132m^2$(40평)까지 지을 수 있다. 용적률에 따라 총 $330m^2$(100평)를 지을 수 있으니, 1층 $132m^2$(40평), 2층 $132m^2$(40평), 3층 $66m^2$(20평) 건축이 가능하다.

만약 생산관리지역이어서 건폐율이 20% 이하, 용적률이 80% 이

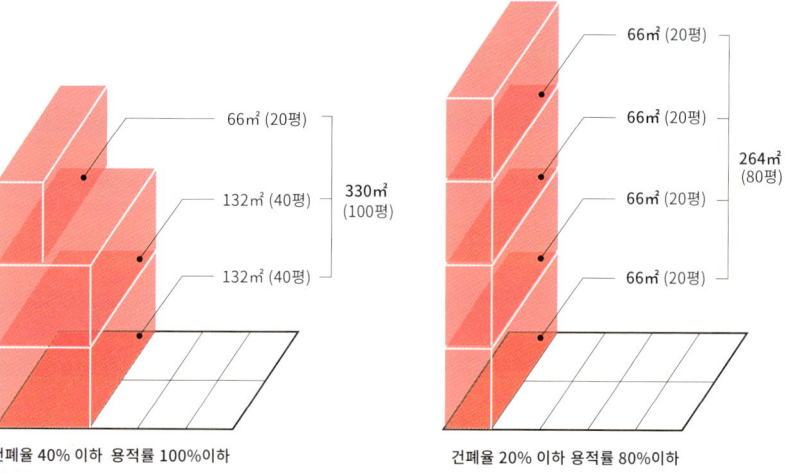

건폐율과 용적률 개념(→)

건폐율 40% 이하 용적률 100%이하
대지면적 = 330㎡ (100평)

건폐율 20% 이하 용적률 80%이하
대지면적 = 330㎡ (100평)

하라면 1층 66m^2(20평), 2층 66m^2(20평), 3층 66m^2(20평), 4층 66m^2(20평)까지 지을 수 있다.

용적률과 건폐율을 만족한다면 건물의 층수를 무한정 늘일 수 있을까? 그렇지 않다. 지역별로 층수 제한이 있으므로 마음대로 올리지 못한다. 관리지역의 경우 대부분 4층 이하로 규정하는데 지자체별로 규제사항이 다르므로 층수 제한 외 규제사항의 확인이 필요하다.

면적을 정하는 또 다른 요소

민법 규정에 건물을 지을 때, 대지경계로부터 50cm 이상의 거리[*]를 두게 되어있다. 건폐율과 용적률은 대지경계를 포함한 면적이기 때문에 실제 설계를 할 때, 생각보다 면적이 작아질 수 있다.

주차장 면적도 필요하다. 면적 당 필요한 주차 대수가 정해져 있는데, 이를 충족하지 못하면 허가를 받지 못한다[**]. 주차공간을 만들어야 하는 지역이 있고, 만들지 않아도 되는 지역이 있다. 지자체 조례를 확인하거나, 전화로 문의한다. ▶ 주차 대수와 면적 101p.

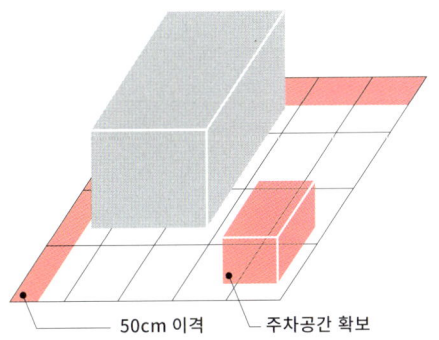

50cm 이격 ─ 주차공간 확보

---

[*] 민법 제242조(경계선부근의 건축)
[**] 주차장법 시행령 [별표1] 부설주차장의 설치대상 시설물 종류 및 설치기준(제6조 제1항 관련)

건폐율 규제를 완화하는 '자연취락지구'

녹지지역 · 관리지역 · 농림지역 또는 자연환경보전지역에서 앞으로 마을이 만들어질 것이라고 예상하고 규제를 완화하는 지역이 있는데 이를 '자연취락지구'라고 한다. '국토의 계획 및 이용에 관한 법률'에는 건폐율 60% 이하, 용적률 100% 이하로 정해져 있으나 지자체마다 완화범위가 달라 조례를 확인할 필요가 있다.

아래 사진은 평택시에 있는 필지다. 도시지역 중 자연녹지지역으로 원래는 건폐율 20%, 용적률 50~100%인 택지다. 그런데 자연취락지구로 지정되었다. 평택시 조례에는 자연취락지구의 건폐율을 60% 이하로 규정한다*. 용적률에 대한 법규는 없다. 다만 상위법(국토의 계획 및 이용에 관한 법률)을 따라 100% 이하로 본다.

결과적으로 자연취락지구로 지정되어 건폐율이 40% 증가해서

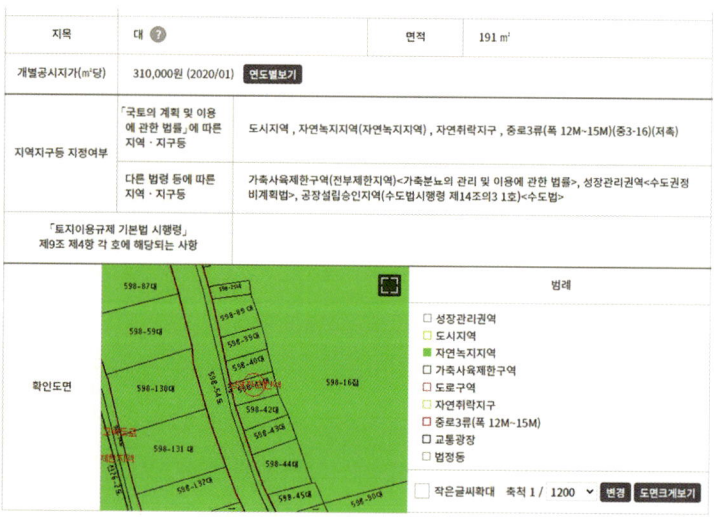

---

*평택시 도시계획조례 제57조(그 밖의 용도지역·지구·구역 등의 건폐율)

더 넓은 면적에 지을 수 있었다. 이처럼 조례에 따라 세부 내용이 바뀔 수가 있어서 반드시 지자체에 직접 확인을 해야 한다.

용도지역		지역지구	건폐율	용적률
도시지역	주거지역	제1종 전용주거지역	50% 이하	50% 이상 100% 이하
		제2종 전용주거지역	50% 이하	50% 이상 150% 이하
		제1종 일반주거지역	60% 이하	100% 이상 200% 이하
		제2종 일반주거지역	60% 이하	100% 이상 250% 이하
		제3종 일반주거지역	50% 이하	100% 이상 300% 이하
		준주거지역	70% 이하	200% 이상 500% 이하
	상업지역	중심상업지역	90% 이하	200% 이상 1,500% 이하
		일반상업지역	80% 이하	200% 이상 1,300% 이하
		근린상업지역	70% 이하	200% 이상 900% 이하
		유통상업지역	80% 이하	200% 이상 1,100% 이하
	공업지역	전용공업지역	70% 이하	150% 이상 300% 이하
		일반공업지역	70% 이하	150% 이상 350% 이하
		준공업지역	70% 이하	150% 이상 400% 이하
	녹지지역	보전녹지지역	20% 이하	50% 이상 80% 이하
		생산녹지지역	20% 이하	50% 이상 100% 이하
		자연녹지지역	20% 이하	50% 이상 100% 이하
관리지역	보전관리지역		20% 이하	50% 이상 80% 이하
	생산관리지역		20% 이하	50% 이상 80% 이하
	계획관리지역		40% 이하	50% 이상 100% 이하
농림지역			20% 이하	50% 이상 80% 이하
자연환경보전지역			20% 이하	50% 이상 80% 이하

국토의 계획 및 이용에 관한 법률 시행령 제84조(용도지역안에서의 건폐율), 제85조(용도지역 안에서의 용적률)

옆집 햇빛을 가리지 않는지 확인하세요!

건축선과 인접대지경계선
건축선은 도로와 대지만 만나는 경계선으로, 인접 도로의 폭이 법적 기준(4m)이 되지 않으면 대지에서 미달 부분을 충족해야 한다. 인접대지경계선은 땅과 땅이 경계선이다.

'일조권 사선제한*' 법은 주변 건물의 채광과 시야 확보를 위해 건축물의 높이를 제한하는 법으로 건물이 밀집된 도시지역에 적용된다. 도심 한가운데, 계단처럼 층이 있거나 한쪽이 비스듬한 건물을 볼 수 있는데 '일조권 사선제한'이라는 법으로 생긴 형태다. 제한된 면적과 높이 안에서 최대 면적으로 설계하다 보니 계단식 건물이 만들어진 것이다.

높이 9m 이하일 때 인접 대지 경계선으로부터 1.5m 이상 띄어야 하며, 높이 9m를 초과하면 인접 대지 경계선으로부터 건축물 높이의 2분의 1 이상 띄어야 한다.

관리지역은 건물 사이가 넓어 일조권 사선제한을 받지 않지만, 지역 조례에 따라 다를 수 있으므로 관련 법이 있는지 확인한다.

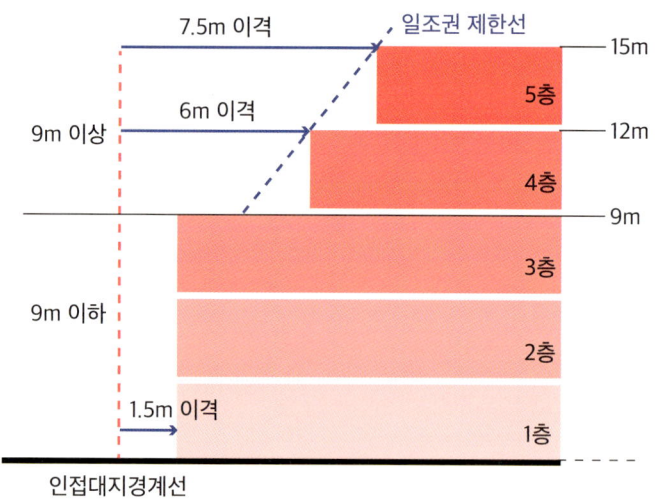

* 건축법 시행령 제86조(일조 등의 확보를 위한 건축물의 높이 제한)

주차 대수를 확인하세요!

　도시지역은 주차공간이 부족해서 건축물의 용도와 규모에 따라 주차 대수와 주차면적의 규정이 있다. 단독주택은 50㎡(15평) 초과 150㎡(45평) 이하일 때 1대, 150㎡를 초과하면 100㎡(30평)당 1대씩 추가*된다. 150㎡ 이하 주택은 주차 1대가, 200㎡(60평)를 넘으면 2대를 만드는 것이 안전하다.

　2019년 3월부터 시행된 일명 '문콕방지법**'으로 주차면적이 넓어졌다. 20cm의 작은 변화지만 작은 땅은 건축면적에 큰 영향을 받는다.

　주차 대수는 지방자치단체의 조례가 더 중요하다. 조례에 맞는 주차공간을 확보해야 건축허가를 받을 수 있다. 주차장 규정이 없는 지역도 있어 꼼꼼하게 살펴본다. 설계할 때 필지 내 주차공간을 잘 계산해야 다시 설계하는 일이 생기지 않는다.

일반형 주차장

5m / 2.3m 개정 전
5m / 2.5m 개정 후

확장형 주차장

5.1m / 2.5m 개정 전
5.2m / 2.6m 개정 후

---

* 주차장법 시행령 [별표1] 부설주차장의 설치대상 시설물 종류 및 설치기준 (제6조제1항 관련)
** 주차장법 시행규칙 제3조(주차장의 주차구획) 2018.3.21. 시행

땅 몇 평 사서, 집 몇 평을 지을까요?

처음 집을 지을 때 대체로 40~50평 정도로 규모를 크게 잡는다. 4인 가족 기준 30~35평 정도의 규모를 추천하는데 규모가 클수록 관리가 어렵기 때문이다.

땅과 집 면적은 건축의 용도와 사용자의 라이프스타일에 따라 달라진다. 현실적인 상황과 나의 라이프스타일을 염두에 두고 면적을 선택한다.

집 짓고 1년, 2년, 3년 달라지는 꿈과 현실

집짓기 전에 필요한 방 개수를 생각한다. 거실, 안방, 드레스룸은 기본, 방문객을 위한 손님방, 자녀들이 왔을 때 머물 수 있는 방, 제사 같은 행사를 위한 여분의 방 하나 더, 손님들을 위한 화장실까지 포함하면 화장실 셋. 이렇게 계획해서 부부가 생활하는데 필요한 조건으로 방 5개, 화장실 3개인 집을 구상해서 짓는다.

집짓고 처음 1년은 가족, 친척, 친구, 지인들이 찾아와 왁자지껄하게 보낸다. 2년째가 되면 우리 집에 놀러 오라고 전화한다. 3년째에는 놀러 오라며 차 타고 모시러 간다. 사람이 줄어드니 방이 남는다. 5개의 방, 화장실 3개, 넓은 집을 청소만 하다 1년이 간다. 나에게 맞는 집이 아니라, 집에 나를 맞춘 고달픈 삶을 산다.

시골땅 4인 가족을 위한 추천 면적

계획관리지역은 생산관리지역과 보전녹지지역에 보다 건폐율과 용적률이 높아 같은 면적이라도 더 넓게 집을 지을 수 있다. ▶지역지구 별 건폐율과 용적률 99p.

계획관리지역에 거주 예정인 4인 가족은 264~297m^2(80~90평)

의 필지 위에 99~115m²(30~35평)의 집을 짓기를 추천한다. 생산관리지역·보전관리지역은 필지 면적 429~495 m²(130~150평)에 99~115m²(30~35평)의 집을 짓는 것이 좋다.

단층도 좋고, 20평, 15평으로 나눠 2층으로 구성해도 좋다. 내부에는 현관, 거실, 화장실 2개, 방 3개, 주방, 다용도실이 있다. 다락을 만들어 창고, 다용도실 등으로 활용할 수 있다. 각실은 가족의 라이프스타일에 맞는 용도로 사용한다.

tip. 4인 가족을 위한 추천 면적_ 단층

필지면적: 330㎡ (100평), 건축면적: 96㎡ (29평)

1 현관	2 다이닝리빙룸	3 화장실1	4 화장실2
3.3m² (1평)	36.3m² (11평)	5m² (1.5평)	5m² (1.5평)
5 방1	6 방2	7 방3	8 창고 및 다용도실
16.5m² (5평)	10m² (3평)	10m² (3평)	10m² (3평)

tip. 4인 가족을 위한 추천 면적_ 2층

필지면적: 299㎡ (90.4평), 건축면적: 115㎡ (35평)

1층

2층

1층

1 현관	2 거실 및 주방	3 화장실1	4 방	5 다용도실 및 계단
3.3㎡ (1평)	34.7㎡ (10.5평)	5㎡ (1.5평)	13㎡ (4평)	13㎡ (4평)

2층

1 방	2 화장실	3 드레스룸	4 계단	5 복도
16.5㎡ (5평)	5㎡ (1.5평)	8㎡ (2.5평)	6.5㎡ (2평)	10㎡ (3평)

Chater.4

살수록 좋은 집에는 이야기가 있다

행복집짓기 9호 '태안둥지'와 마리아 상

좋은 설계는 뭐가 다른가요?

좋은 설계란, 사는 사람의 생활패턴을 반영해서 원하는 기능을 담는다. 살아가는데 불편하지 않으며, 관리가 쉽고, 유지관리 비용이 적어야 한다.

하지만 기능만 좋아서는 만족스러운 집이 나오지 않는다. 좋은 설계는 건축주의 삶이 녹아있는 '이야기'를 담는다.

이야기가 담긴 설계

행복집짓기 4호 '강릉 두 번째 달'은 커피와 차(茶) 향이 어우러지는 카페로 1층은 카페, 2층은 다도실과 주거공간이다. 집 이름이 '두 번째 달'이 된 이유가 있다.

주변에 논이 있고 뒷산에서 물이 흘러 땅이 습하고 축축했다. 집을 짓기 위해서는 물길을 차단해야 했는데, 인공적으로 차단하기 보다는 자연스럽게 흘러 모이는 방법을 택했다. 그렇게 만들어진 것이 연못이다.

공사가 끝나고, 건축주 부부와 자녀가 밤늦게 현장에 왔다. 설레이는 마음을 참을 수 없었기 때문이다. 데크에 앉았는데 마침 보름달이 연못에 비쳤다. 그 모습을 본 아들이 "연못에 달이 떴어요."라고 말했고, 집 이름이 '두 번째 달'이 되었다.

목적에 맞는 공간

건물을 짓기 위해 목적을 정하고 그 목적에 맞는 공간을 만든다. 집이면 집답게, 별장이면 별장답게, 식당이면 식당답게 짓는다. 그래야 후회 없는 공간이 태어난다.

주거공간은 가족의 생활양식을 반영하며 더 나은 삶을 살 수 있

1,2 뒷산에서 물이 흘러내려 질척이는 습한 땅이었다. 마당에 땅을 파고 물을 모아 자연 연못을 만들었다.

3 철원 군부대가 있는 곳에서 펜션 겸 주택을 지었다. 경사지를 활용하여 주인의 주거공간(1층)과 펜션 이용객이 사용하는 공간(2층)을 분리했다.

4 주변이 열려있는 주택단지에서 가장 중요한 것은 집안이 밖에서 보이지 않는 것이었다. 마당에 나무 울타리를 만들어 외부 시선을 차단했다.

는지, 관리하기 편한지 등을 고민한다.

조용한 호수가 마음에 들어 땅을 샀다면 날마다 호수를 바라보고 싶은 마음에 호수 쪽으로 큰 창을 낼 것이다. 몇 년 살다 보니 집에서 나오고 싶어졌다. 왜일까? 사람은 정적임과 동적임이 반복되어야 한다. 항상 정적인 삶을 살면 싫증을 느끼고 무기력해진다. 잠시 머무는 별장이면 빼어난 자연 풍경을 집 안으로 끌어들여 여유를 즐기는 것이 좋다. 상당한 기간을 살아갈 집은 일상생활에 편한 집을 만드는 것이 더 중요하다.

트렌드를 따라가지 않는 뚝심

집을 지을 때는 트렌드를 따라가기 보다 내가 하고 싶은 것과 나의 취향을 반영하는 것이 좋다. 한 번 지어서 몇 년 이상 살아가는 집에 내가 아닌 남의 취향을 담는다면 금방 질린다. 나답지 않기 때문이다.

사람마다 살아온 길이 달라 삶의 방식과 취향이 같을 수 없다. 부부도 집을 짓기 위해 취향을 말하는 과정에서 원하는 것이, 서로 전혀 다를 수도 있음을 깨닫기도 한다.

현대적 재료인 콘크리트와 한옥문이 과연 어울릴까? 어디서 본 적 없는 조합이지만 과감한 도전은 성공했고, 더 특별한 집이 되었다. (→)

1, 2 50평 미만의 좁은 땅을 효과적으로 사용할 수 있다. 마당이 있었으면 하는데 면적이 부족한 상황에서 옥상에 마당을 만들었다. 마당이 꼭 바닥에 있어야 할 필요는 없다. 치밀한 공간계획을 했다.

집을 짓는다는 것은 나와 내 가족을 알아가는 과정이다. 건축가는 대화 속에서 가족의 일원이 되어 그들의 취향을 찾아내야 한다.

사람과 자연의 관계에 대한 고민

생태란 자연과 사람이 상생할 수 있는 환경이다. 흙집이나 가공하지 않은 나무로 집을 지어 벌레와 함께 살면 사람에게는 살기 불편한 공간이다. 반대로 사람 살기 편하자고 무분별하게 개발하면 자연이 훼손된다. 일방적인 것을 좋은 관계라고 할 수 없듯 자연과 사람과의 관계도 주고받음이 있어야 한다.

사람이 사는 공간은 사람과 자연 이외에도 집과 땅의 관계, 땅과 사람의 관계, 사람과 집의 관계, 집과 자연의 관계, 집과 재료의 관계, 가족과 개인의 관계, 나와 이웃의 관계… 무수한 관계가 응집되어 하나로 표현된다. 행복한 공간은 이런 관계들을 소중히 했을 때 탄생한다.

예산에 맞춘 현실적인 설계

집을 짓는다는 것은, 냉정한 현실이어서 이성적 판단이 필요하다. 아무리 계획이 좋아도 실물로 만들지 않으면 이상일뿐이다.

1 지붕 옥상녹화로 정원을 만들어 집을 지을 때 훼손된 녹지를 보상하고, 건축주도 거실과 연결된 마당을 보면 생활 만족도가 높아진다.

2 방과 방 사이 정원을 두어 햇빛이 잘 들어갈 수 있도록 한다. 집과 어우러진 텃밭은 자연에게 푸르름을 되돌려 준다.

제한된 예산 안에서 원하는 것을 최대한 반영하는 것이 좋은 설계다. 좋은 설계를 통해 집에 어울리는 터를 만들고, 내구성과 관리가 좋은 재료를 선택하고, 난방비와 전기 사용료를 줄일 수 있는 최적의 방법을 얻을 수 있다.

면적은 예산과 직결된다. 원하는 공간과 현실적으로 가능한 공간이 다를 수 있다. 필요한 공간이 없어도 되는 공간, 자투리 공간의 활용, 불필요한 곳이 없는 치밀한 공간 배치 등 설계의 치열한 고민과 건축주의 합리적인 선택이 쾌적한 공간을 만든다.

지나치게 예산에 치중하면 정작 원하는 공간을 만들지 못할 수 있다. 저렴한 재료를 사용하면 안전성이나 내구성이 떨어진다. 정도(기본)를 지킬 수 있도록 가이드를 제시하는 건축가를 만나는 것이 무엇보다 중요하다.

건축허가와 건축설계의 차이

설계사무소에서 하는 일은 크게 두 가지다. 공간에 머물 사람을 생각하는 인문학적 공간계획 '설계'와 지자체에 개발행위 및 건축허가를 받기 위한 '허가' 업무다.

예를 들어 관리지역에 99m^2(30평) 집을 짓는다. 지목이 '대지'라 개발행위허가는 받지 않아도 된다. 단순 허가 업무는 건당 최소 300~500만 원, 설계는 1,000만 원부터 그 이상까지 비용이 든다. 설계와 허가를 같이 한다면 최소 1,500만 원이 필요하다. 허가만 받으면 1개월 이내로 끝나고, 설계와 허가를 같이 한다면 4~5개월이 소요된다.

허가업무만으로는 건축설계처럼 이야기 있는 공간을 만들 수 없다. 집은 감성을 중심으로 짓되, 기술이 뒷받침되어야 한다. 건축주와 건축가의 대화와 공감이 있어야 만족스러운 공간을 만들 수 있다.

집짓기 평 당 500만 원, 사실인가요?

총비용에 현혹되지 말고, 상세내역을 살펴야 한다. 평 당 단가로 정해진 설계비에 어떤 항목이 포함되어 있는가?

건축설계·인허가·개발행위허가, 자재의 정확한 수량과 종류, 전기·통신·수도 등 부대공사, 별도 금액으로 지정된 것은 무엇인지 꼭 확인해야 집짓기 비용이 늘어나는 것을 막을 수 있다.

공사비가 올라가는 이유

'실시도면'과 '허가도면'이 있다. 허가도면은 개발행위허가와 건축인허가를 받기 위해 법규검토 된 내용이 적힌 도면이고, 실시도면은 실제 공사가 가능하도록 재료, 규격, 개수 등을 세부적으로 넣은 도면이다. 허가도면과 실시도면은 목적이 달라 허가도면으로는 시공할 수 없다.

초보 제빵사 두 명이 있다. 한 사람은 레시피 대로 만들고, 한 사람은 재료만 확인해서 하고 싶은 대로 만들었다. 레시피 대로 만든 사람은 필요한 재료, 적정용량, 오븐에 구워야 하는 시간과 온도 등을 정확히 지시한 대로 따라 했다. 1번 만에 성공해서 빵을 만드는데 약 3만 원이 들었다.

재료만 확인한 사람은 재료를 적당히 사서 내키는 데로 만들다가 실패했다. 다시 만들려니 부족한 재료가 있어 또 사야 했다. 몇 번의 시도 끝에 빵은 만들었지만, 예산을 초과해서 약 7만 원의 경비가 들어갔다.

'레시피'는 '도면'이다. 도면이 자세할수록 반복되거나 불필요한 공정이 줄어들어 오히려 공사비를 줄일 수 있다.

도면에서 '건축주 지정 재료', '고급타일', '고급벽지', '고급장판' 등의 모호한 표현은 공사비상승의 요인이다. 건축재료의 종류는 다양하고, 파는 업체도 많다. 어떤 재료를 선택하느냐에 따라 가격에 엄청난 차이가 난다. '고급타일'이라는 모호한 표현으로는 설명이 부족하다. 재료를 선택할 때 설계과정부터 협의해서 정확한 종류, 업체, 규격 등을 정하는 것이 좋다. 창틀, 유리, 벽지의 종류도 마찬가지다.

정확한 예산을 알기 위해서는 자재의 종류와 수량, 공법 등을 도면에 표시한다. 구체적일수록 추정예산의 정확도가 올라간다. 물론, 이것은 공사 중 변경사항이 없을 경우다. 시공 중 다른 재료를 사용하거나, 추가하게 되면 공사비는 당연히 올라간다. 도면대로, 일정에 맞춰 시공했다면 처음 받은 견적금액에서 크게 차이가 나지 않는다.

경사지 잘 활용하는 방법 있나요?

관리지역은 경사지이거나, 집짓기 위한 대지조성이 안된 경우가 많아 토목공사비용이 만만치 않다. 필지를 평지로 만들고 흙을 지지할 수 있는 옹벽을 쌓고, 배수·전기·통신 등의 인입공사를 하면 몇천만 원을 훌쩍 넘긴다.

대체로 '건축공사비+설계비'를 집짓기 비용으로 생각하는데, 생각지 못한 토목공사비용은 부담이다. 이때 건축과 토목을 함께 고려해서 설계한다면 토목공사비용을 줄일 수 있다.

경사지를 평지로 만드는 토목공사

시골에 조성되는 전원주택단지는 산을 깎아 만들어서 단지 전체는 경사지이지만 필지 하나를 보면 대체로 네모반듯한 평지다.

경사지를 메꿔 평지로 만들려면, 흙을 쌓고 옹벽을 세워야 한다. 경사지를 메꿀 흙의 양을 파악해서 필요한 만큼 흙을 사야 한다. 반대로 흙을 파내서 평지로 만들 때는 파낸 흙은 다른 곳으로 옮겨야 한다. 이 과정에서 흙을 구매하고 옮기는 비용이 든다.

기존 대지보다 높아진 만큼 흙이 빗물에 쓸려나가지 않도록 옹벽을 세운다. 옹벽 높이가 높을수록, 길이가 길수록 비용이 오른다. 대지 조성비용을 최소화할 방법은 공사 규모를 줄이고, 내 땅에서 모든 것을 해결하는 것이다. ▶ 흙을 활용하여 옹벽을 가린 사례 39p.

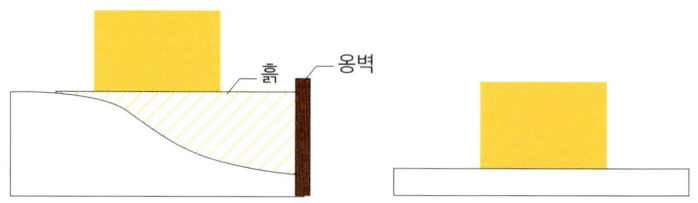

경사지 효율적으로 활용하는 방법

대지 조성비용을 줄이고 경사지를 효율적으로 사용하기 위해서 땅과 건물의 어울림, 토목공사 최소화를 고려한다. 이때 건축주의 취향을 함께 고민해야 활용도 높고, 집 지었을 때 보기 좋은 땅을 만들 수 있다.

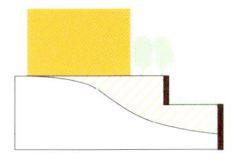

첫째, 계단식 옹벽

5m 높이로 옹벽을 세울 경사지라면, 옹벽을 두 번 끊는다. 5m는 건물 2층 높이로 고개를 위로 꺾을 정도다. 그런 높은 벽이 바로 앞에 있다면 부담스러울 것이다. 이때 2m 높이로 옹벽을 끊으면 부담을 덜게 된다. 집과 가까운 마당은 정원으로 사용하고, 계단식 옹벽은 나무를 심거나 텃밭을 만든다. 옹벽을 활용하여 다양한 공간을 꾸미는 방법이다.

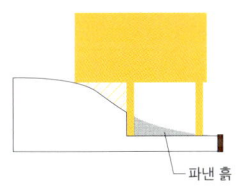

파낸 흙

둘째, 필로티 구조

필로티를 활용한다. 필로티 기둥이 옹벽 역할을 대신하고, 파낸 흙은 건물 아래에 묻는다. 이런 공간은 주차장, 지붕 있는 마당, 외부 테라스 등으로 활용하기에 적합하다.

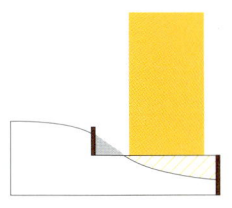

셋째, 사용 공간 확장

2층 이상의 건물을 짓고 싶다면 어떻게 할까? 건물 뒤쪽 경사지에서 흙이 흘러 내릴 수 있어서 옹벽을 세운다. 절토한 흙은 땅의 지반을 만드는 데 활용한다. 옹벽과 건물의 높이를 맞춰 야외 데크로 활용하거나, 식물을 심어 나만의 정원으로 꾸미기에 좋다.

넷째, 지하 건물

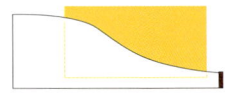

건물을 지하로 묻으면 건물이 옹벽 역할을 한다. 지하층을 만들면 건축공사비가 더 들 것 같지만 실제 공사비용과 큰 차이가 없다. 대지 조성비용이 절감되기에 결국, 공사비 전체는 줄어든 셈이다.

[사례 ①] 토목공사 비용 최소화하기

세로로 길고, 발목이 꺾일 정도로 경사진 땅이 있다. 지역주민들은 척박해서 사람이 살 수 없는 곳이라고 했다. 산을 깎아 공사해야 하는 대상지의 특성상, 2010년 기준 대지 조성비용에만 5천만 원이 필요했다. 비용을 줄이기 위해 절토하는 흙의 양과 옹벽 설치를 최소화하는 방향으로 설계했다.

옹벽은 경사지나 뒷산의 흙이, 비나 어떤 행위를 통해 건물이나 도로에 내려오는 것을 막기 위해 만든다.

경사지에 집이 있는데, 옹벽이 없다. 대신 건물이 지하에 묻혀 있어 흙이 집으로 밀려들지 않는다. 지하건축물이 옹벽 역할을 대신한 셈이다. 지하층을 활용한 설계는 철근콘크리트 구조여야 가능하며, 건축물의 정확하고 안전한 구조계산은 필수다.

이렇게 했을 때 건축비용은 올라간다. 그러나 총 공사비용을 합산하면 전체 공사비는 줄어든다.

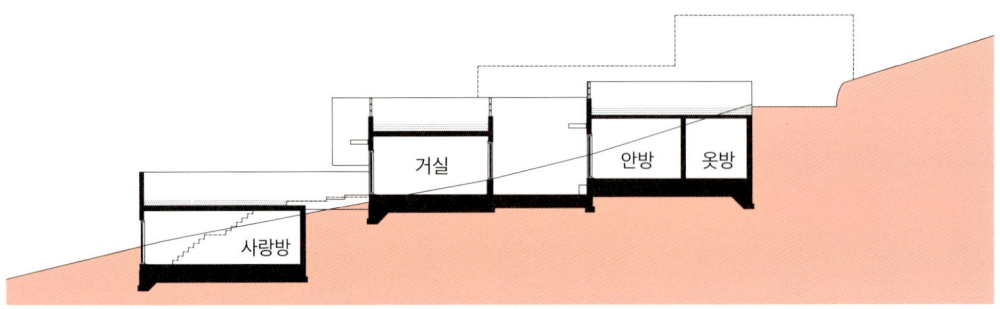

1 벌목 후, 3~4m의 흙 절토.   2 집이 앉을 땅 모양을 잡는다.   3 거푸집 설치.
4 굳은 콘크리트가 건물의 벽과 옹벽 역할을 한다.   5 완공된 집

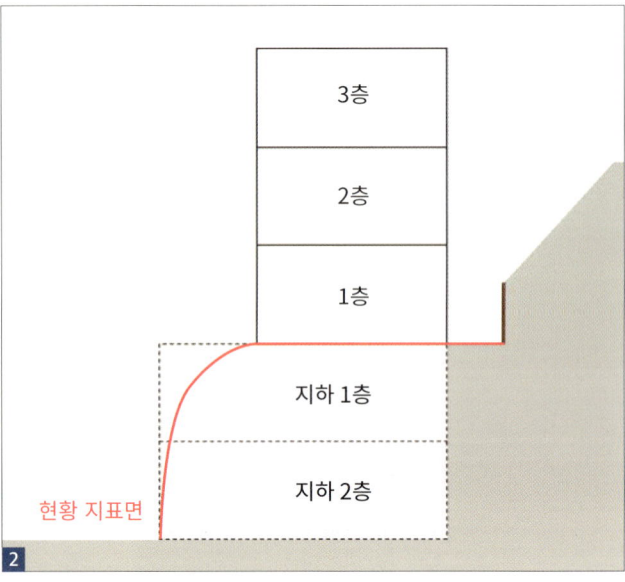

1 기존 땅
2 옹벽이 없어지고 지하에 2개 층이 들어간다. 더 넓은 면적을 지을 수 있다.

[사례 ②] 지하 공간을 활용해서 더 넓게 쓰기

지목이 대지라서 바로 건축이 가능한 땅이지만 경사가 매우 심하고 건폐율이 낮아 주변에서 사지 말라고 말린 땅이다. 자연녹지지역으로 건폐율 20%, 용적률 100%이며, 4층 이하 건물만 지을 수 있다.* 이때 지하공간을 활용하면 실사용 면적을 늘일 수 있다.

지하에 건축물이 50% 이상 묻혀있으면 건폐율과 용적률에서 제외되기 때문에 지하공간만큼 면적을 추가로 확보할 수 있다.

---

* 국토의 계획 및 이용에 관한 법률 시행령 [별표17] 자연녹지지역 안에서 건축할 수 있는 건축물

경사지 건폐율과 용적률

* 건폐율과 용적률 산정식은 설계에 따라 달라질 수 있기 때문에 반드시 건축설계사무소와 상담 후 결정한다.

지하 1층 일 때

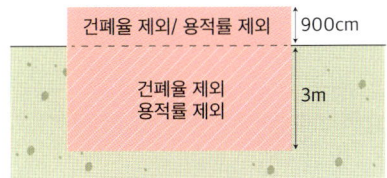

건폐율, 용적률 제외
지하에 묻히지 않은 높이가 1m를 넘지 않아서 용적률, 건폐율에 포함되지 않는다.

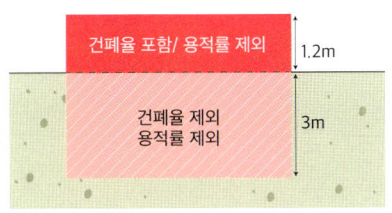

건폐율 포함, 용적률 제외
땅 위로 드러난 건물의 높이가 1m를 넘으면 지하라도 건폐율에 포함된다. 즉, 1.2m인 부분만 건폐율에 포함된다.

2층 일 때 (지하 1층 + 지상 1층)

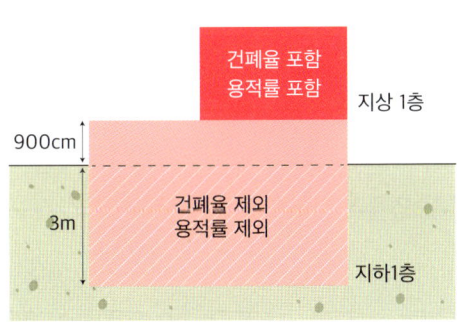

땅 위로 드러난 건물의 높이가 1m를 넘지 않아서 (900cm) 지상 1층만 건폐율과 용적률에 포함된다.

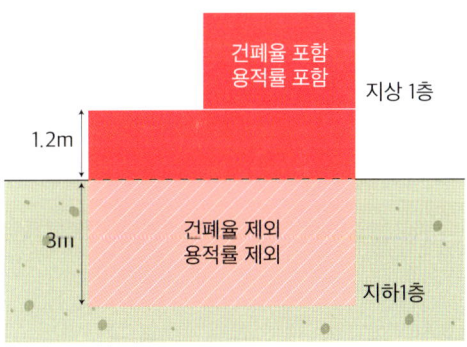

땅 위로 드러난 건물의 높이가 1m를 넘어, 지상 1층과 1.2m인 부분이 건폐율과 용적률에 포함된다.

* 건축법 시행령 119조(면적 등의 산정방법)

지하에 집 지으면 곰팡이 생기지 않나요?

지하는 습하고, 햇볕이 들지 않고, 환기가 원활하지 못하다. 지하층은 대체로 곰팡이가 서리고 꿉꿉한 냄새가 고인다. 이때 햇빛길, 바람길, 물길을 활용하면 지하를 지상 1층처럼 쓸 방법이 생긴다.

선큰을 만들어 햇빛과 바람이 들어오게 할 것

선큰(sunken)은 지하에 자연광을 들이기 위해 대지를 파낸 곳이다. 이 방법으로 만든 거실을 선큰 리빙룸, 정원을 선큰 가든이라고 한다. 폐쇄적인 지하 공간에 햇빛을 끌어들여 채광을 높이고 바람이 드나드는 길을 만든다. 화분을 놓거나 나무를 심어 아름다운 공간으로 만들 수 있다.

지하실 외벽에 물길을 만들 것

물이 새는 이유는 어딘가에 물이 찼다는 의미다. 결로로 물이 고이기도 하고, 비가 벽과 흙 사이에 고여 있다가 새기도 한다. 이때 콘크리트 벽 바깥에 물이 흐르는 배수층을 만들면 물이 새는 것을 막을 수 있다. 배수층이 방수 역할을 한다.

지형의 미기후로 바람길을 만들어 건물을 배치할 것

미기후는 아주 좁은 지역의 기후다. 빌딩과 빌딩 사이 바람이 강하게 부는 것도 미기후의 일종이다. 지하층에 바람을 들이기 위해서 바람이 부는 방향에 건물을 놓고, 문과 창문을 배치하거나, 바람이 통하는 구멍을 만든다.

1,2 선큰   3,4 바람길

시골땅 집은 어떻게 설계해요?

첫째, 토목과 건축법규 검토

건축이 가능한 땅인지, 건축 및 토목 관련 법규를 확인한다. 지목상 '임야'이기 때문에 건축을 위해서는 개발행위허가를 받아야 한다. 준보전산지이므로 산지전용허가를 받은 뒤 '대체산림자원조성비'를 낸다. ▶산지전용허가 210p.

도로와 바로 붙어있어 건축에 문제가 없다. 마을에서 사용하는 자연배수로가 있고, 산의 평균경사도 심하지 않다. 개발행위허가의 최소 요건인 도로, 배수, 경사도를 모두 만족한다. ▶개발행위허가 요건 : 도로 84p./ 개발행위허가 요건 : 배수 88p./ 개발행위허가 요건 : 경사 93p.

건축주는 카페 겸 체험공간을 원했다. 건축법에서 카페는 근린생활시설이다. 규모에 따라 제1종 근린생활시설, 제2종 근린생활시설로 나눈다*. 카페 바닥면적의 합계가 $300m^2$(90평) 미만이면 제1종 근

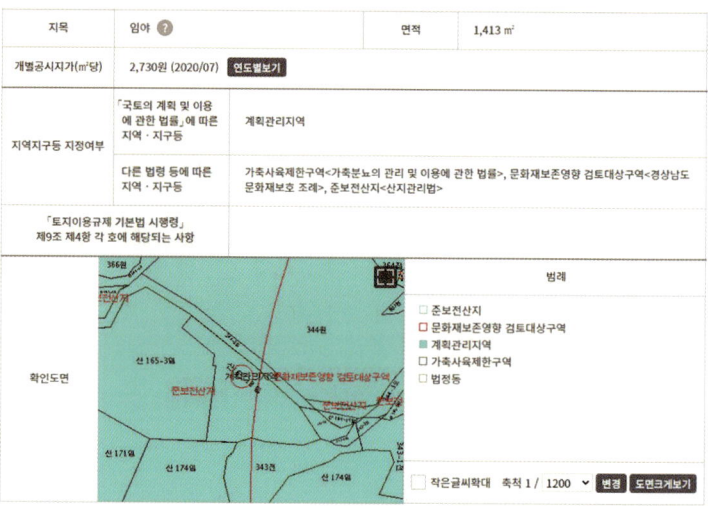

*건축법 시행령 [별표1] 용도별 건축물의 종류(제3조의5 관련)

린생활시설, $300m^2$(90평) 이상이면 제2종 근린생활시설이다. 논의 결과 약 $500m^2$(151평)의 제2종 근린생활시설로 정했다.

둘째, 현장 직접 가서 땅 보기

나무의 높이, 옹벽의 유무, 옹벽이 있다면 옹벽의 높이는 얼마인지, 대상지와 땅의 높이 차이가 있는지 등을 눈으로 확인한다. 물은 어디로 흐르며, 배수로 및 전봇대의 위치는 어디인지, 바람의 방향, 해가 뜨는 방향도 함께 고려한다.

셋째, 현황측량

땅의 실제 모습을 파악하기 위해 현황측량을 한다. 지형의 높낮이, 면적, 경사, 옆 땅과의 경계 등을 잰다. 경사지는 지적도와 실제 면적이 다른 경우가 있어 반드시 현장에 나와 측량을 제대로 한다.

▶ 현황측량을 하는 이유 59p.

토목설계사무소에서 하는 현황측량은 한국국토정보공사에서 하는 측량과 다르다. 지적도에 경계복원측량은 내 땅에만 제한되는 경우가 많다. 땅은 눈에 보이는 경계가 없다. 그리고 면적은 이웃과 예

민한 민원으로 번지기도 한다. 그것을 미연에 방지하기 위해 주변 땅과 내 땅의 관계를 살펴 현황측량을 한다.

현황측량을 하지 않고 토목설계과 건축설계를 하면 막상 공사할 때 기존 땅과 달라 설계변경을 하는 경우가 있다. 추가비용이 들고 시간도 더 걸리므로 현황측량을 꼼꼼히 하는 것이 중요하다.

넷째, 대지와 자연환경을 고려한 건축물 배치

토목설계사무소에서 측량한 도면을 건축설계사무소에 전달하면 건축설계사무소는 대지의 면적, 높낮이 등을 고려하여 대지 위에 건물을 배치한다.

경사지에서 신경 써야 하는 것은 옹벽이다. 옹벽은 내 땅과 남의 땅의 경계를 명확히 하고, 흙의 유실을 막아주는 일종의 안전구조장치다. 그런데 옹벽의 높이가 2m 이상이 되면 부담스러울 뿐 아니라 미관상으로도 좋지 않다.

대상지는 옹벽을 그대로 올리면 약 6m가 나오는 땅인데, 6m는 건물 2층 높이다. 눈앞에 2층 건물이 가로막고 있다면 얼마나 불편할까. 이것을 방지하기 위해서 옹벽을 2m 간격으로 끊어 올려 계단식으로 만든다. 그 사이에 나무를 심어 옹벽을 가릴 수 있는 장치를 마련한다.

건물 배치 후 땅과 건물의 관계를 확인하기 위해 대지 단면도 위에 건축물을 올린다. 대지 단면도에서 땅의 경사와 높낮이를 바탕으로 공간을 만든다..

다섯째, 건축물과 배수시설 정비

2층과 1층의 우수를 집수정(맨홀)에 모아 자연하천(구거)에 방류한다. 역구배를 방지하기 위해 2층에 물이 흐를 수 있는 경사도

1 실내에서 자연의 풍광을 느낄 수 있게 큰 창을 만든다.

2 계단식 옹벽과 대나무 식재로 보기 불편한 벽을 가렸다.

3 경사지를 활용해서 만든 지하 1층 제조시설은 지상1층 카페 및 체험공간과 분리된 공간이다.

우수·오수 도면 보기

우수·오수 계획도
물이 흘러가는 방향, 맨홀의 위치를 본다. 오수는 악취방지맨홀 사용을 추천한다.

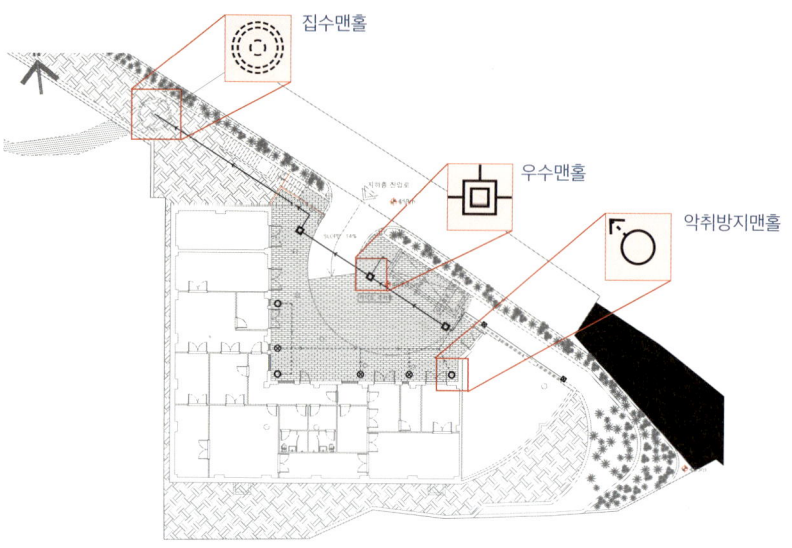

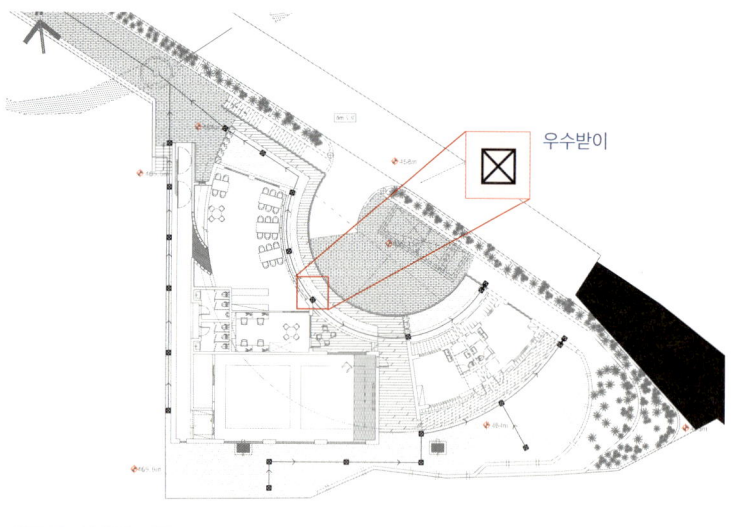

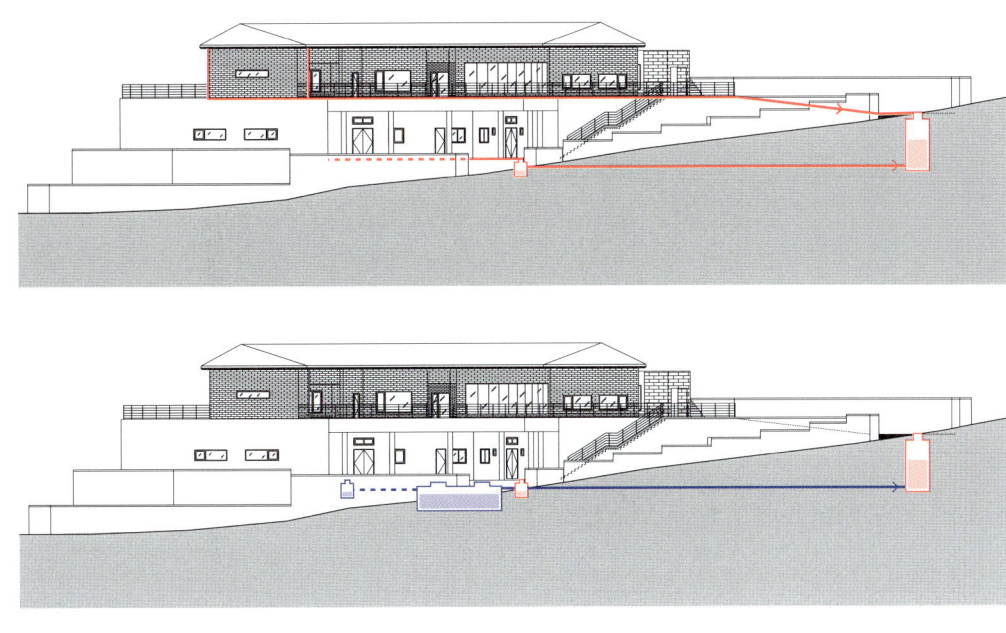

| 우수 | 오수 | 집수정(맨홀) | 악취방지 맨홀 | 오수 합병정화조 |

맨홀이 있어야 하는 이유
모래나 오물을 흘려보낼 때 중간에 집수정(맨홀)을 만들어 모래 등 오물은 집수정 밑으로 가라앉고 물은 흘러가게 한다. 정기적으로 집수정에 가라앉은 오물을 제거하여 하수관이 막히는 것을 예방한다.

를 만든다. 오수는 악취방지맨홀에 모은 뒤, 오수합병정화조를 통해 방류한다.

여섯째, 외부와의 연결성을 생각하며 실내외 공간 계획

산속 카페의 매력은 '자연'이기 때문에 설계할 때 자연과 건물을 어떻게 어울리게 할 것인지. 공간 내부에서 방문객에게 전달하고 싶은 나의 이야기는 무엇인지 고민했다.

도시지역과 차별하기 위해 외부 자연을 적극적으로 활용한다. 이미 있는 나무, 자연 풍광 등을 활용하고, 외부 자연을 실내와 연결하여 끌어들인다. 필요한 공간, 용도, 쓰임을 확인하고 실별 적정면적을 정한다.

1 테라스와 연결된 방

2 숲의 넓은 시야를 담았다면 이제 건물 내부 공간에 집중할 시간이다. 입구 시야를 좁고 어둡게 하여 기대감을 높인다.

3 바람이 통할 수 있는 길이다. 대상지 바람의 방향을 반영하여 바람길을 만든다.

4 좁고 어두운 입구를 지나 들어오면 높은 천장과 확 트인 시야, 아름다운 외부 녹지 풍경을 볼 수 있다.

일곱째, 재료 선택

택지면적, 건축면적, 외벽과 내벽의 마감 재료와 크기, 하수계획, 수전, 세면기, 단열재, 옹벽의 종류 등을 정한다.

5   바닥, 걸레받이: 강마루(엔틱오크), 목재무늬필름지(엔틱오크) 벽, 천장: 종이벽지(아이보리, 밀크)

6   지붕: 스페니시 기와, 벽: 백고벽돌, 노출콘크리트(민무늬)

7   공간 별 마감자재를 상세하게 설명한다. 인테리어 자재는 업체 홈페이지와 브로슈어를 참고해서 원하는 디자인을 고를 수 있다.

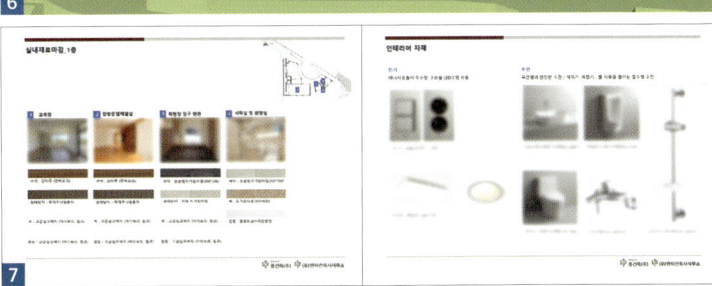

측량의 종류

토목설계사무소에서 하는 현황측량과는 별도로 한국국토정보공사에 경계복원측량, 지적현황측량, 분할측량 등을 해야 할 때도 있다.

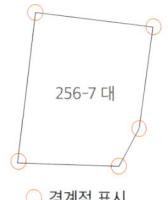

경계복원측량

지적도에 등록된 토지의 경계점을 지상에 복원하기 위한 측량이다. 말하자면 내 땅 모서리마다 **빨간색 표지(말뚝)**를 박는 것이다. 건축 또는 담장 설치를 위한 경계확인, 인접토지와의 경계확인을 위해서다.

지적현황측량

지적 및 임야도에 등록된 경계와 실제 경계가 일치하는지 확인할 때 사용한다. 토지, 지상 구조물 또는 지형(땅의 모양), 지물(땅 위에 있는 자연 혹은 인공 물체) 등의 위치나 면적을 지적 및 임야도에 등록된 경계와 대비 도면상 표시를 위한 측량이다.

분할측량

지적도에 등록된 1필지의 토지를 2필지 이상으로 나누어 등록하기 위한 측량이다. 토지 일부의 매매 또는 소유권 이전이나 토지 일부에 건축허가를 받고자 할 때 주로 한다. 토지면적이 클 때는 분할측량하는 것이 좋다.

등록전환측량

임야대장 및 임야도에 등록된 토지(축척 1/6000)를 토지대장 및 지적도(축척 1/1200)에 옮겨 등록하기 위한 측량이다. 건축허가, 형질변경, 개발행위허가를 받을 때 주로 한다. 축척이 클수록 정확도가 떨어진다. 건축할 때, 대지면적에 따라 용적률과 건폐율이 달라지는데, 등록전환 과정에서 면적이 줄거나 늘어날 수 있어 반드시 현황측량 후 등록전환측량을 신청한다. ▶등록전환 할 때 면적이 달라지는 이유 205p.

전원주택은 전기·가스비 많이 들지 않아요?

미국에너지관리청의 2015년 조사에 따르면 벽 (35%), 지붕(25%), 창과 문 (25%), 바닥 (15%) 비율로 주택 열 손실이 발생한다. 전기 사용료, 난방비 등의 에너지 사용을 줄이려면 설계기술과 자재기술을 함께 접목해야 시너지 효과를 얻는다.

에너지 사용을 줄이는 설계로 자연이 가진 속성을 활용한다. 태양열로 집을 데우고, 바람이 가져오는 공기로 실내공기를 순환시키는 것 등이다. 여기에는 햇빛길, 자갈축열층, 바람길, 벤트가 있다.

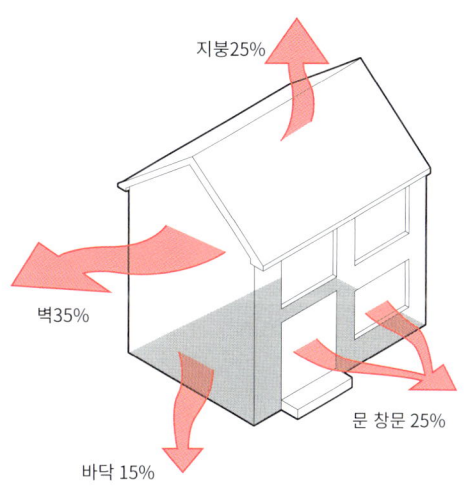

햇빛길로 온도와 채광 높이기

적정 햇빛이 실내로 들어올 수 있도록 창문과 문을 배치하여 '햇빛길'을 만든다. 햇빛 열로 실내를 데우고, 채광을 높여 실내를 밝게 유지한다. 과도하게 들어오는 빛으로 생활에 불편함이 생기지 않도록 외부 차양을 만들어 필요한 만큼의 빛이 실내로 들어오게 계획한다.

지하 공간의 중정은 햇빛길이 되어 전등을 켜지 않아도 밝은 실내를 유지할 수 있다.

자갈축열층으로 따뜻한 바닥

단열성능이 뛰어나도 어딘가에서 열 손실이 일어나면 효율이 낮아진다. 이때 '축열 기능'을 활용하여 열 손실을 막는다.

'자갈축열층'은 바닥을 데우기 위한 온수 파이프 아래 자갈을 깔아 열을 보존한다. 보일러가 가동되는 시간동안 축열된 열은 오랜 시간 지속된다.

예를 들면 오후 5시부터 다음 날 아침 8시까지 계속 보일러를 가동하는 집의 경우. 자갈축열층이 있다면 오후 5시에서 저녁 10시까지만 보일러를 가동해도 다음 날 아침 8시까지 열이 지속하여 오랫동안 따뜻함을 누린다.

냉기를 차단하는 것만큼 온기를 오래 유지하는 것도 중요하다.

바람길의 자연 환기

바람이 실내로 들어와 내부·외부 공기를 순환시키는 것을 '바람길'이라고 한다. 큰 창과 작은 창이 서로 마주 보고 있어야 바람길을 만들 수 있다. 바람길이 있으면 자연스럽게 바람이 불어 에어컨 없이도 여름을 시원하게 지낼 수 있다. 환기가 잘 되는 만큼 집 안의 공기는 항상 쾌적하고 깨끗하다.

결로를 막는 벤트

벤트(Vent: Ventilation)는 집의 숨구멍, 즉 통풍구이다. 벤트의 가장 큰 목적은 환기다. 실내온도 균형을 맞추고, 습도를 조절해서 겨울철 결로를 방지한다. 주로 목조주택에 사용되는데 콘크리트 건물에

1 자갈축열층 위에 온수파이프를 설치하고 있다.
2 바닥이 창문으로 들어는 햇빛을 축열한다.
3 바람길

도 벤트의 개념을 적용하는 것이 좋다.

공기층은 약간의 단열효과도 있다. 벽과 벽 사이에 얇은 공기층이 있으면 실내 벽에 외부 냉기가 직접 닿지 않는다. 일종의 보호막이다.

벤트가 설계되어 있어도 벤트 구멍이 막혀있으면 공기는 순환하지 않는다. 디자인 때문에 벤트 구멍을 막는다면 곰팡이, 결로, 실내 공기질 저하 등의 문제가 발생할 수 있다.

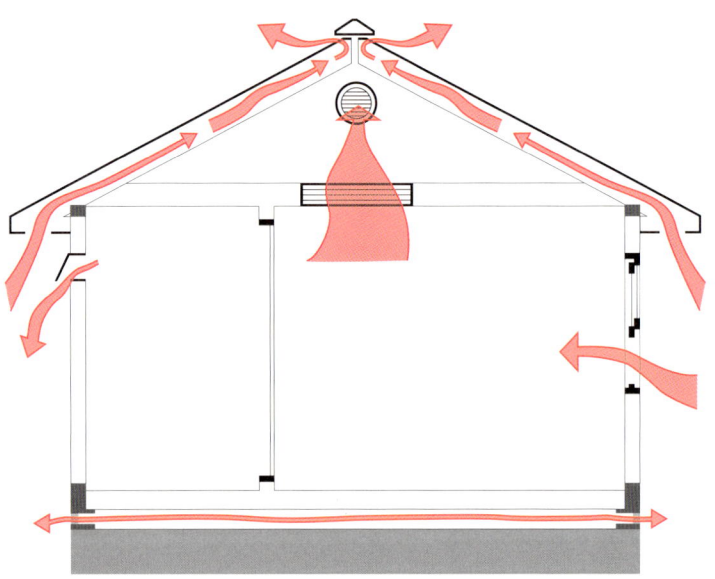

벤트 개념도

웃풍 없는 집 지을 수 있나요?

전원주택이 아파트보다 전기 사용료와 난방비가 많이 든다는 말은 옛말이다. 붉은 벽돌로 지은 구옥은 지금처럼 법적인 단열기준이 없어서 단열에 취약했다. 2016년 건축물의 에너지절약 설계기준이 강화되면서 단열기준이 매우 엄격해졌다. 준공검사 때 단열기준을 만족하는지 증명할 수 있는 자재납품확인서와 시험성적서를 함께 제출해야 한다.

지역마다 다른 단열재 허용 두께

지역마다 사용할 수 있는 단열재의 두께가 정해져 있다. 같은 평수, 설계, 재료여도 단열재의 성능과 두께가 달라 단열비용에 차이가 있다.

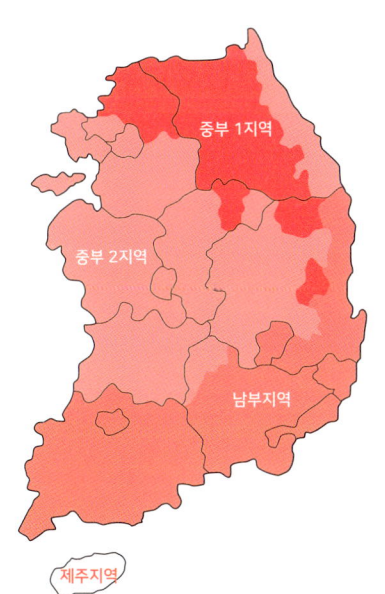

중부1지역: 강원도(고성, 속초, 양양, 강릉, 동해, 삼척 제외), 경기도(연천, 포천, 가평, 남양주, 의정부, 양주, 동두천, 파주), 충청북도(제천), 경상북도(봉화, 청송)

2) 중부2지역: 서울특별시, 대전광역시, 세종특별자치시, 인천광역시, 강원도(고성, 속초, 양양, 강릉, 동해, 삼척), 경기도(연천, 포천, 가평, 남양주, 의정부, 양주, 동두천, 파주 제외), 충청북도(제천 제외), 충청남도, 경상북도(봉화, 청송, 울진, 영덕, 포항, 경주, 청도, 경산 제외), 전라북도, 경상남도(거창, 함양)

3) 남부지역: 부산광역시, 대구광역시, 울산광역시, 광주광역시, 전라남도, 경상북도(울진, 영덕, 포항, 경주, 청도, 경산), 경상남도(거창, 함양 제외)

외기에 직접 접하는 거실외벽을 기준으로 남부지역은 두께 100mm, 중부1지역은 190mm, 중부2지역은 135mm를 사용해야 한다. 단열재 두께는 지역별, 건축물의 부위 별, 외부 공기와 맞닿는지 등을 고려한다. *

단열재, 가등급 이상 추천

단열재의 성능에 따라 가, 나, 다, 라 등급으로 나눈다. 등급을 나누는 기준은 뜨거운 면에서 차가운 면으로 열이 전달되는 속도다. 단열 성능은 열전달 속도**가 느릴수록 높다. 가등급으로 갈수록 단열 성능이 우수해 얇은 두께로도 단열효과를 충분히 낸다.

단열재의 성능은 건축 실사용 면적과 직접적인 연관이 있다. 라등급의 단열재는 가격이 저렴할 수는 있어도 가등급 단열재보다 두께가 두꺼워서 실 사용면적을 줄인다. 190mm 가등급 단열재는 라등급으로는 285mm두께다. 95mm만큼 네 면이 줄어 95×4=380mm의 면적손실이 생긴다.

열전달 속도
열관류율이라고 한다. 설계를 하면서 창호나 유리, 출입문, 단열재 등을 고를 때 자주 듣는 용어다. 0.907 m2·K등 소수점으로 표시되며 치수가 낮을수록 성능이 우수하다.

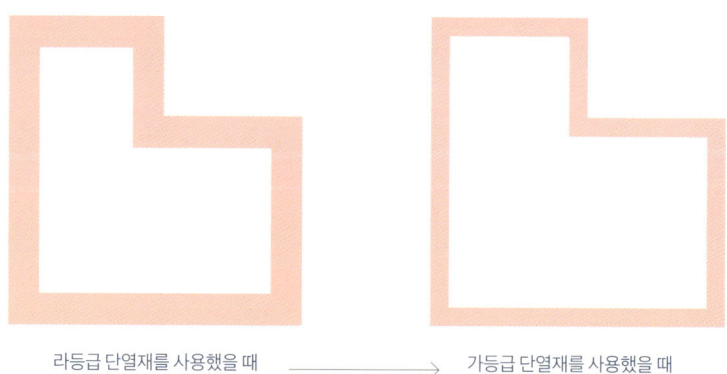

라등급 단열재를 사용했을 때 → 가등급 단열재를 사용했을 때

* 건축물의 에너지절약설계기준 [별표3] 단열재의 두께
** 건축물의 에너지절약설계기준 [별표1] 지역별 건축물 부위의 열관류율표

단열재의 종류

대표적으로 비드법단열재와 글라스울, 압출법 보온판이 있다.

비드법단열재는 '비드'라고 불리는 구슬 형태의 작은 알갱이를 수증기로 발포시킨 것이다. 발포 크기와 밀도에 따라 1~4등급으로 나누는데 발포한 입자가 작을수록 성능이 좋다.

흔히 스티로폼으로 알려진 비드법 2종은 발포 입자가 크고 가격이 저렴하다. 높은 온도에 취약하고 불이 나면 쉽게 번진다. 회색 스티로폼인 비드법 1종은 발포 입자가 작고, 탄소 알갱이를 함유한 흑연을 첨가하여 단열 성능이 뛰어나다.

압출법 보온판은 열전도율이 낮고 단열 성능이 우수하다. 습기에 강해서 지하나 외벽에 많이 쓴다. 압출법 보온판과 플라스틱 판재가 결합 된 E보드를 사용하여 결로현상 방지 기능을 추가하기도 한다.

글라스울은 목조 주택에 많이 사용되는 단열재다. 유리섬유를 실처럼 뽑아 솜이불처럼 만든다. 목재 사이에 단열재를 채워 벽체를 완성하며, 불에 잘 타지 않는 불연재로 화재에도 강하다. 글라스울을 사용할 때는 가등급 단열재에 해당하는 고밀도 글라스울(R37)을 사용하는 것이 좋다.

우레탄 폼은 우레탄 뿜칠이라고도 하는데 뿌리는 방식으로 이음

1 비드법단열재
2 압출법보온판단열재

매 없이 작업이 가능하다. 경질우레탄 폼은 가격은 비싸나 단열과 방음 성능이 뛰어나다.

1 글라스울단열재 시공
2 우레탄뿜칠 시공

불연·난연 단열재

성능도 중요하지만, 불에 얼마나 오래 버틸 수 있는가도 중요하다. 단열재 중 불에 타지 않는 불연단열재, 불을 덜 번지게 하는 난연단열재를 사용하는 것이 좋다.

외단열과 내단열의 차이

내단열과 외단열은 시공방법의 차이일 뿐 기능적 차이는 없다. 다만 바람, 화재, 안전 등을 고려해 상황에 맞는 시공법을 선택하는 것이 중요하다.

아파트처럼 높은 건물은 바람에 의해 단열재가 떨어질 수 있어 내단열을 많이 한다. 주택은 바람의 영향을 많이 받지 않고, 단열재를 외부에 부착하면 실내 평면손실을 줄일 수 있어 외단열을 많이 사용한다.

뽁뽁이 창에서 벗어날 방법 있나요?

겨울철 열 손실이 가장 많은 곳은 창틀과 유리다. 구옥은 창틀이 하나인 경우가 많아 리모델링 하면서 창틀을 하나 더 덧댄다. 외부에서 실내로 들어오는 공기를 두 번 차단하여 단열효과를 높이는 방법이다. 단열재와 마찬가지로 창틀과 유리도 법적으로 규정된 에너지 값이 있다.

알루미늄 창틀과 PVC 창틀

알루미늄 소재인 창틀는 외부 냉기가 건축물의 내부로 전달되는 현상이 잘 발생하여 PVC 창보다 웃풍이 발생하거나 춥다고 느낀다. 알루미늄 창틀를 사용하려면 고기능성 단열 알루미늄 창틀를 사용하는 것이 좋다.

흔히 '샤시'라고 하는 PVC 창호는 알루미늄 창틀보다 열전달이 느려 단열성과 기밀성이 우수하다.

단독주택은 3중창 추천

유리 3개를 덧대어 찬 기운을 막는 것이 삼중창이다. 유리 사이

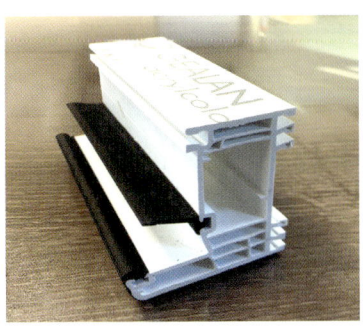

PVC 창틀

알루미늄 Bar

에 아르곤가스가 있으면 외부 유리와 내부 유리의 온도 차에서 생기는 열 교환 현상을 막아 결로를 예방하고 단열효과를 높인다. 단열 성능을 높이기 위해 유리와 함께 사용하면 단열효과를 더 높일 수 있다.

라이터로 유리를 비췄을 때, 라이터 불의 개수가 창의 개수다.

창호와 시스템창호의 차이

'창호'는 창과 문을 통칭하는 말이다. 시스템창호는 일반 창호에서 창호의 기밀성, 단열성, 보안, 수밀 등의 성능을 극대화한 것이다. 여러 방향으로 열리는 것도 시스템창호다. 일반 알루미늄 · PVC 창호보다 가격이 비싸지만 그만큼 에너지 성능이 높다.

미국과 유럽 등에서는 성능이 우수한 시스템창호를 일반적으로 사용한다. 우리나라도 시스템창호의 선호도가 높아지고 있다.

3중창 시스템창호 　　　　시스템 창호 단면 확대

도면에서 창호보기

창호평면도

PW : Pvc Window의 약자로, PVC 소재 창호다.
AW : Aluminum Window의 약자로,
  알루미늄 소재 창호를 지칭한다.
WW : Wood Window의 약자로,
  나무 소재 창호를 지칭한다.
SSD : Stenres Steel Door의 약자로
  스테인레스 소재의 문을 지칭한다.
WD : Wood Door의 약자로 나무 문을 지칭한다
SD : Steel Door의 약자로, 철 소재 문을 지칭한다.
FSD 혹은 FD : Fire Steel Door의 약자로
  방화문을 지칭한다.

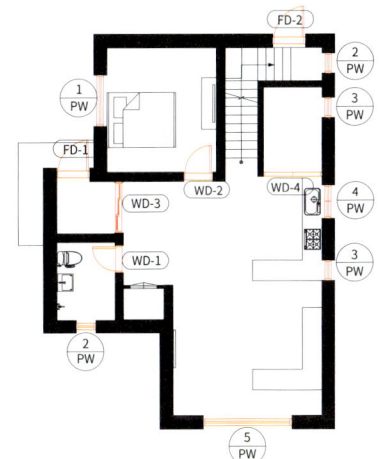

창호상세도

PW1에 해당하는 상세도를 보면 창호의 크기, 규격, 재료를 알 수 있다

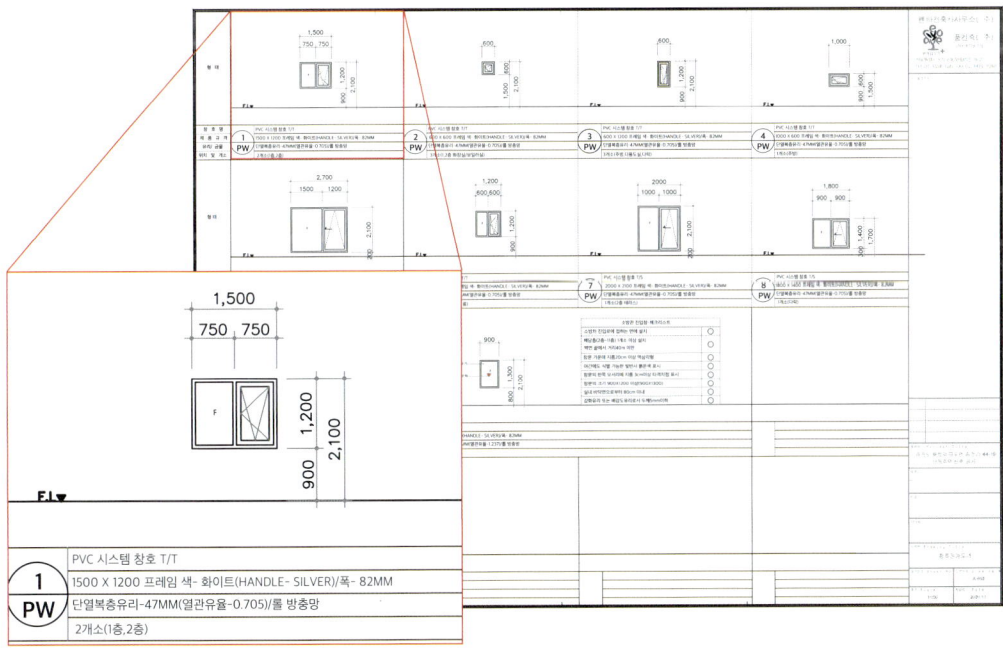

콘크리트 옹벽과 보강토 무엇이 좋을까요?

내 땅과 남의 땅의 경계를 구분하고, 흙이 쓸려 내려가지 못하게 구조벽을 세우는 것이 토목공사다. 구조 안전성을 확보한 후, 비용과 미관을 고민해야 한다. 옹벽 구조는 보강토 구조와 콘크리트 구조가 있다.

보강토 구조

회색과 붉은 벽돌이 켜켜이 쌓인 것이 보강토다. 공사할 때 부지 사용을 최소화할 수 있어 좁은 땅 시공에 유리하다.

장마철이나 집중호우 때 보강토가 물과 흙의 무게를 견디지 못하고 옹벽이 무너지는 사고가 종종 생긴다. 이를 방지하기 위해 그리드를 깔고 배수층을 만든다.

그리드는 그물 형태로 된 보강 자재다. 물체가 서로를 끌어당기는 힘인 '인장력'을 이용한다. 촘촘한 그물은 흙이 쏟아져 내려오는 것을 막는다. 보강토 뒷면에 자갈로 배수층을 만들면 보강토가 무너지는 사고를 방지할 수 있다.

1 보강토
2 그리드
3 키 (Key)
4 헌치 (Haunch)
5 T형 옹벽 기초 타설 완료

지내력
땅의 단단한 정도

콘크리트 옹벽

철근을 엮어서(배근), 콘크리트를 부어 만든 옹벽이다. 콘크리트 옹벽 혹은 RC(Reinforced Concrete) 옹벽이라고도 한다. 지내력에 따라 콘크리트의 강도가 다르고, 재료비와 시공비에 차이가 생긴다. 강도가 약하면 무너질 수 있어 주의해야 한다.

구조적 안전성이 뛰어나고, 플라스틱 무늬판을 사용하여 다양한 문양을 새길 수 있어 디자인 선택의 폭이 넓다. 옹벽은 T형, L형, 역 L형 등이 있는데, 상황에 맞는 공법을 선택해서 사용한다.

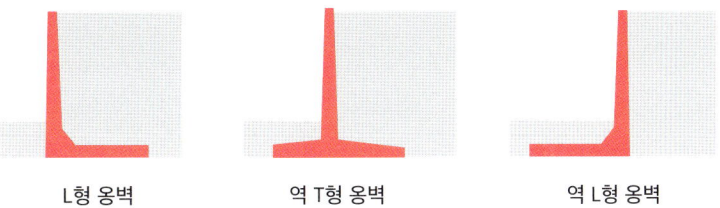

L형 옹벽   역 T형 옹벽   역 L형 옹벽

안전하고 내구성 좋은 콘크리트 옹벽 시공을 위해 '키(key)'와 '헌치(Haunch)'의 역할이 중요하다. L형 옹벽이 흙의 무게를 이기지 못해 기울어지면, 흙이 넘치고 옹벽에 균열이 생겨 무너질 수도 있다. 이것을 방지하기 위해 토압으로 옹벽이 자리에서 이탈하는 것

을 막는 '키(key)'와 벽체에 균열이 생기고 꺾이는 것을 방지하는 '헌치(Haunch)'를 설치한다.

콘크리트 옹벽을 만들 때는 레미콘 차나 펌프차가 다닐 정도의 진입로여야 작업이 쉽다.

조경석(석축) vs 식생토 블럭 vs 개비온

보강토 옹벽과 콘크리트 옹벽 이외에 조경석, 식생토 블럭, 개비온으로 흙을 지지하고, 땅 경계를 나누기도 한다. 구조적 안전성보다는 미관이 뛰어나 많이 사용한다.

조경석

조경석은 석축이라고도 하며, 쌓은 돌 사이에 꽃이나 나무를 심어 조경 효과를 높인다. 가격이 저렴하고 친환경적이지만 조경석을 쌓을 토지면적이 많이 필요하다. 면적이 작은 필지는 추천하지 않는다. 땅의 경계를 확실하게 하고 싶다면 조경석보다는 보강토나 옹벽을 추천한다.

1 조경석
2 식생토 블럭
3 개비온

자연 배수층이 있어 조경석은 무너질 걱정은 적다. 그러나 돌 무게로 무너질 염려가 있어 높이 쌓을 수 없다. 필지의 단차가 심할 땐 조경석은 사용하지 않는 것이 좋다.

식생토 블럭

콘크리트 사이로 난 구멍에 흙을 넣어, 조경할 수 있도록 만든 옹벽이다. 블록 하나의 크기가 보강토보다 커서 공사 기간이 빠르다는 장점이 있다. 조경석과 마찬가지로 높이 쌓을 수 없다.

개비온

격자무늬 철장 안에 돌을 넣어 담을 만드는 개비온은 땅의 무게를 버틸 만큼의 구조공사는 할 수 없다. 그러나 디자인적 기능이 뛰어나 주로 담을 만들 때 사용한다. 돌이 뭉쳐있어 견고하며, 격자 철장을 따라 담쟁이를 심을 수 있어 조경하기도 쉽다. 금액대는 보강토와 비슷하다.

목조주택과 철근콘크리트 주택 무엇이 좋을까요?

건축구조는 목구조, 철근콘크리트 구조, 철골구조로 나눈다. 구조는 집을 짓는 틀이자, 뼈대. 사람의 겉모습을 보고 뼈의 모양을 알기 어려운 것처럼 구조도 목구조인지 철근콘크리트 구조인지 겉으로 보아 구분하기가 어렵다. 시공 방법과 재료가 다를 뿐 구조적인 안전성, 화재 대비 등 오랜 기간 검증해 온 시공방식이어서 예산과 디자인에 따라 구조를 선택한다.

목구조

목구조는 목재를 세워 벽 틀을 만들고 그 틀 안에 불에 강한 단열재, 석고보드 등을 넣는다. 만든 벽 밖에 벽돌을 붙이고, 내부에 벽지를 바르면 시공이 끝난다. 목구조는 미국에서 사용하는 경량목구조와 일본에서 사용하는 중목구조로 나눈다.

경량목구조는 얇고 가벼운 목재로 틀을 만들고 OSB 합판으로 벽을 맞대어 못을 박는 기법으로, 벽식구조라고도 한다. 가공 없이 목재 반입 후 현장에서 재단하여 시공할 수 있다. 별다른 장비가 필요 없고 적은 인력으로 시공할 수 있어 중목구조에 비해 시공비가 저렴하다.

중목구조는 두껍고 무거운 목재를 기둥과 보 중심으로 연결하는 방식으로, 라멘식구조라고도 한다. 공장에 도면을 보내 목재프레임을 사전제작하여 현장에서 조립하는 '프리컷 공법'으로 시공한다. 자재 로스율과 건축폐기물이 적다는 장점이 있지만 경량목구조에 비해 시공비가 비싼 편이다.

경량목구조와 중목구조를 선택하는 기준은 건축물의 규모다. 예를 들어 경량목구조는 거실을 7m까지 지을 수 있다면 중목구조는 10m까지 넓게 지을 수 있다.

기둥
지붕 무게를 버티는 세로 구조물

보
기둥과 지붕 무게를 분산하고 버티는 가로 구조물

목재의 노출 여부도 다르다. 경량목구조는 벽 중심이어서 단열재와 실내외 마감을 하면 콘크리트인지, 목조주택인지 구분하기가 어렵다. 반면 중목구조는 기둥을 노출할 수 있어 구조 자체로 인테리어 효과를 낸다.

철근 콘크리트

철근과 콘크리트를 혼합하여 일체형으로 만든 구조로, RC구조라고도 한다. 내구성이 높고 디자인이 자유로워 주택, 상가 등에 제한 없이 사용된다. 해안가 등 기후 영향이 큰 곳에서 선호한다. 콘크리트 벽면을 벽돌이나 페인트로 마감하지 않고 노출 시키는 노출콘크리트 방식을 사용하면 현대적, 도시적 느낌이 난다. 콘크리트 양생시간이 필요해 공사 기간이 길다.

경량 철골구조

철재로 기둥과 보를 만드는 공법이며, 경량 철구조 혹은 스틸 하우스라고도 한다. 용접과 나사 조임으로 집을 형태를 만든다. 시공 기간이 짧고 건식 공법이어서 추운 겨울에도 무리 없이 시공할 수 있다.

1 목구조
2 중목구조
3 철근콘크리트 구조

땅과 건물의 높이

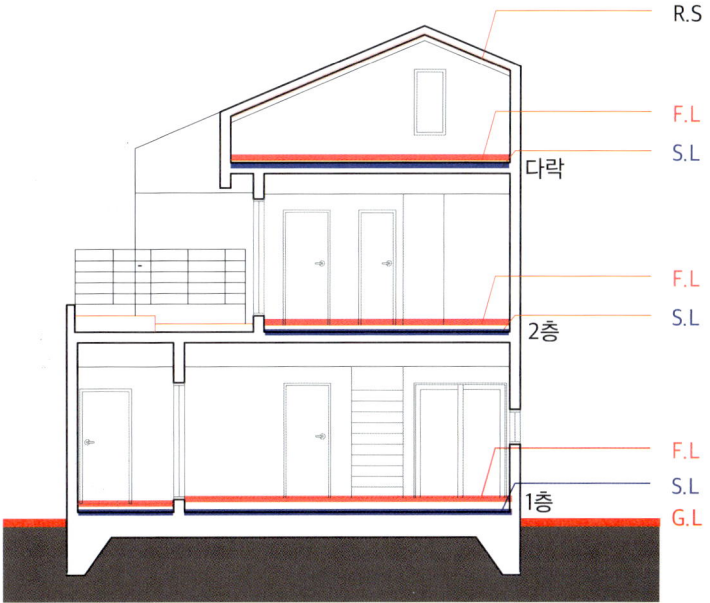

G.L: Ground Level의 약자로 땅의 지표면을 지칭한다.

S.L: Slab Level의 약자로 구조 마감선을 지칭한다. 구조공사할 때만 볼 수 있다.

F.L: Floor Level의 약자로 구조 위에 단열재를 비롯한 각종 마감이 완료된 면을 지칭한다. 눈에 보이는 집 바닥면이다.

R.S : roof Slab, 지붕 슬라브다. 사진은 지붕슬라브를 만들기 위해 철근을 설치중이다.

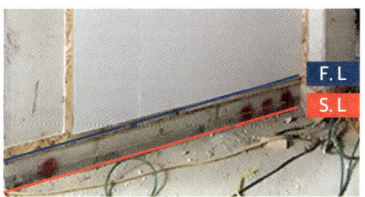

tip. 집짓기 추정예산

목조주택

※토지값 제외, 2017년 공사기준

	내역	지출	항목별 합계	비고
총괄기획 (PM)	총괄기획	7,000,000		
			7,000,000	
계획설계	건축 및 토목계획설계	3,000,000		
			3,000,000	
실시설계 및 인허가	실시설계 및 건축인허가	4,000,000		
	실시설계 및 토목인허가	3,000,000		현황측량 포함
	경계복원측량	1,200,000		지적공사
	대체산림자원조성비	1,038,120		2017년 기준
	개발부담금	-		비대상토지
	건축허가 등록면허세	9,000		
	개발행위허가 등록면허세	9,000		
	국민주택채권	180,000		
	인허가보증보험	300,000		
			9,736,120	
공사	토목공사	-		주택조성단지
	부대토목공사	3,000,000		배수, 정화조 등
	건축공사	137,000,000		현장대리인 계약 포함
	고용 산재보험	400,000		
	CM	15,000,000		6개월
	감리	-		법적대상아님
	조경공사	5,000,000		
			160,400,000	
기타	건물취득세	2,000,000		
			2,000,000	
총계			182,136,120	

건축개요 | **대지면적** 211㎡ (63.8평)   **지목** 임야   **지역지구** 준보전산지   **연면적** 97.64㎡ (29.5평)   **구조** 경량목구조
건축재료 | **외벽** 스타코플렉스   **외벽하부** 청고벽돌   **지붕** 리얼징크   **현관입구** 방부목 각재   **실내벽** 친환경 벽지, THK7 도기질타일 (300x300mm)   **실내바닥** THK9 강마루, THK7 자기질타일(100x400, 300x600, 300x300mm), 목재무늬필름지 걸레받이   **천장** 열경화성수지천장판, 적삼목, 친환경천장지   **목공사** 방부목 데크   **조경** 현무암 판석, 부정형 현무암 판석

tip. 집짓기 추정예산

철근콘크리트 상가주택

※토지값 제외, 2020년 공사기준

	내역	지출	항목별 합계	비고
총괄기획 (PM)	총괄기획	10,000,000		
			10,000,000	
계획설계	건축 및 토목계획설계	5,000,000		
			5,000,000	
실시설계 및 인허가	실시설계 및 건축인허가	5,000,000		
	실시설계 및 토목인허가	4,000,000		현황측량 포함
	경계측량	2,000,000		지적공사
	농지보전부담금	15,400,000		
	개발부담금	-		비대상토지
	건축허가 등록면허세	9,000		
	개발행위허가 등록면서세	9,000		
	국민주택채권	240,000		
	점용료	352,770		
	인허가보증보험	53,800		
			27,064,570	
공사	토목공사	25,000,000		포장, 주차장, 우오수 관연결 포함
	건축공사	320,000,000		현장대리인 계약 포함
	고용산재보험	800,000		
	CM	30,000,000		6개월
	감리	-		법적대상아님
	조경공사	3,000,000		직영
			378,800,000	
기타	건물취득세	5,000,000		
총계			425,864,570	

건축개요 | 대지면적 683㎡(206.6평) **지목** 전 **지역지구** 계획관리지역 **연면적** 193.38㎡(58.5평) **구조** 철근콘크리트구조
건축재료 | 외벽 노출콘크리트, 청고벽돌 **실내벽** 친환경벽지, THK7 도기질타일(300x300mm) **실내바닥** THK9 강마루, THK7 자기질타일(100x400, 300x600, 300x300mm), 목재무늬필름지 걸레받이, 에폭시 **천장** 열경화성수지천장판, 적삼목, 친환경천장지 **목공사** 방부목 데크 **조경** 현무암판석, 부정형현무암판석, 자갈, 잔디

Chater.5

비싼 재료가 무조건 좋은 건 아니다

PE 배수관과 콘크리트 배수관 뭐가 다른가요?

하수관, 우수관, 배수관, 혹은 배수된 물이 모이는 집수정의 재료로 PE, PVC, 콘크리트를 사용하는데 관의 지름이 중요한 요소다. 재료를 선택하는 것보다 대상지에 적합한 용량의 자재가 사용되었는지 확인하는 것이 더 중요하다.

200mm 관이 통과해야 하는 곳에 100mm 관을 설치하면 비가 많이 오는 날 맨홀 뚜껑으로 물이 역류하는 일이 발생할 수 있기 때문이다.

PE(폴리에틸렌) 관

고밀도 폴리에틸렌의 원재료로 생산된 파이프를 줄여서 PE관이라고 한다. 열에 강하고, 내구성 좋고, 유연해서 하수도관으로 많이 쓰이며, 실내에는 사용하지 않는다. 관경 250mm 이상일 때 사용한다.

1 PE 관
2 PVC 관
3 오수용 PVC 관
3 콘크리트 관

PVC(염화비닐수지) 관

염화비닐수지를 원료로 만든 파이프로, 우수 · 오수용 배관으로 많이 쓰이는 VG(Vertical Grain)가 대표적이다. VG1은 내부에 사용하고 VG2는 오수용으로 사용한다. 관경 250mm 이하일 때 사용한다.

콘크리트 관

공사하는 땅에 지름이 큰 배수관이 필요하다면 PE 관보다 콘크리트관이 좋다. 내구성이 좋고, 관의 지름이 웬만큼 커서 비가 많은 지역이나, 물을 많이 흘려보내는 지역에서 사용하면 좋다.

도로포장은 뭐가 좋을까요?

도로공사는 차도, 인도, 공원, 자전거길 등에 따라 종류가 다양하다. 도로와 인도를 중심으로 설명한다.

콘크리트 포장

콘크리트 포장은 물과 시멘트를 섞어 굳히는 것으로 아스콘 포장보다 경제성과 내구성이 좋고 유지관리가 쉽다. 콘크리트 위에 원하는 문양을 찍을 수 있으며 처리와 재활용 또한 쉽다.

아스콘 포장

아스팔트 콘크리트를 줄여서 아스콘이라고 하며, 주로 차도에 사용한다. 콘크리트 포장처럼 양생 기간이 필요하지 않아 시공속도가 빠르다. 방수가 잘 되고 청소가 쉽고 무거운 차량에도 잘 견딘다. 유지보수가 어렵고, 수명이 짧다.

블록 포장

콘크리트 블록, 아스팔트 블록, 벽돌 또는 돌 등으로 만든 블록으로 포장하는 것을 블록 포장이라고 한다. 콘크리트 포장이나 아스콘 포장보다 강도가 약해서 차도보다는 인도에 사용한다. 그래서 보도블록이라고 말하기도 한다. 블록 포장 틈 사이로 물이 유입되어 배수가 원활하다. 선택할 수 있는 블록이 많아 디자인 선택이 자유로워 취향에 맞는 공간 디자인을 할 수 있다.

콘크리트 포장

아스콘 포장

블록 포장

다양한 바닥포장 디자인

패턴크리트
콘크리트 타설과 동시에 이뤄지는 바닥 포장공법이다. 새로 포장 된 콘크리트가 완전히 양생 되기 전, 문양을 새긴다. 다양한 색상과 패턴을 표현할 수 있다.

아트크리트
'실링'이라고도 한다. 기존 또는 새로 포장된 아스콘에 히팅기(가열기)를 사용하여 표면을 가열한 후 원하는 디자인의 문양 판을 올려놓고 문양을 한다. 그 다음 색상을 스프레이로 입힌다.

텍스크리트
아스콘 혹은 콘크리트가 완전히 양생 된 바닥에 시공한다. 바닥을 깨끗이 청소한 후 패턴지를 깔고 그 위에 컬러를 입힌다.

어떤 지붕 자재를 선택할까요?

스페니시 기와, 징크, 리얼징크(컬러강판)가 있다. 현대적 감각의 집을 짓고자 한다면 징크를 사용하고, 지중해풍 같은 유럽풍을 내고 싶을 때는 스페니시 기와를 사용한다.

예전에는 아스팔트 싱글이라는 지붕재를 많이 사용했지만 최근에는 거의 쓰지 않는다.

스페니시 기와

지중해풍 주택을 짓고자 할 때 스페니시 기와를 많이 사용한다. 평지붕보다 경사 지붕에 많이 사용하고, 현대적이기보다 고전적인 분위기를 연출할 때 사용한다. 내구성이 좋아 오래 사용할 수 있다.

같은 기와 종류로 점토기와, 금속기와가 있다. 점토기와는 열 차단성이 우수하고, 방수와 통풍이 잘 된다. 중후한 느낌을 줄 수 있으

1 스패니시 기와
2 검은색 컬러강판

나 비싸고 무겁다. 점토기와의 무게를 보완하여 가벼운 금속기와를 사용하기도 한다.

징크

최근 들어 많이 사용하는 지붕재다. 징크는 아연에 티타늄이나 구리를 합금하여 수명이 약 100년으로 길고 내구성이 매우 우수하다. 지붕에서 시작하여 벽까지 내려오게 시공하기도 한다. 현대적 감각을 마음껏 뽐낼 수 있는 재료다. 다만 가격이 비싸다.

징크의 대체품으로 컬러강판(리얼징크)이 있다. 색상 종류가 다양하고, 징크보다 저렴하다.

외벽 마감은 뭐가 좋을까요?

외벽 마감재는 선택의 폭이 매우 넓어 같은 재료를 사용하더라도 디자인에 따라 얼마든지 색다른 분위기를 연출할 수 있다. 주택에서 많이 사용하는 외장재는 스타코와 벽돌이다.

스타코

하얀색 페인트인 줄 알았는데 가까이 다가가니 우둘투둘한 입자가 있는 자재, 스타코(Stucco)다. 간편하고 시공이 빠르다. 단열, 방음, 방습 등 여러 기능을 갖춘 기능성 자재다. 그러나 수명이 10~15년으로 짧고, 오염에 약하며 벽과 함께 갈라지기도 한다.

이 부분을 보완해서 나온 것이 스타코 플렉스다. 스타코 플렉스의 장점은 유연성이다. 벽이 수축과 팽창을 반복해도 자체 탄성으로 균열이 생기지 않는다. 기온 차이에 따라 수축과 팽창을 반복하는 목조주택에 적용하기 가장 좋다. 일반 스타코보다 가격이 높지만 그만큼 유지관리가 쉽다.

칠하는 방식에 따라 질감을 다르게 준다. 뿌리는 방식으로 칠하면

1 스타코의 다양한 질감과 색상
2 스타코와 스타코플렉스의 차이
3 벽돌의 다양한 색상

입자가 곱다. 붓이나 롤러로 바를 때는 거친 정도를 취향에 맞게 선택할 수 있다. 색상선택의 폭이 넓고, 기본 색상을 섞어 조색도 가능하다.

벽돌

벽돌은 오랫동안 사용해 온 익숙한 외장재다. 과거에는 콘크리트 벽돌 자체로 건물을 많이 지었지만, 지금은 구조벽을 벽돌로 만드는 경우는 드물고, 대부분 콘크리트나 목구조 벽을 만든 뒤 바깥에 벽돌을 쌓는 외장 마감에 쓴다.

벽돌은 차분하고 중후한 느낌을 준다. 적색·주황색·아이보리색·회색·갈색·진한 회색·백색 등의 색상이 있으며 벽돌의 색상, 줄눈 시공방법, 벽돌 쌓는 방법에 따라 다양한 분위기를 연출할 수 있어 디자인적 활용도가 높다.

줄눈과 벽돌의 시공방법에 따라 현대적인 느낌과 클래식한 느낌을 동시에 줄 수 있다. 줄눈을 일자로 이으면 격자로 배치하는 것보다 현대적인 느낌을 준다. 벽돌을 강조할 것이냐, 줄눈을 강조할 것이냐에 따라 줄눈 색상을 바꿀 수 있다. 줄눈은 주로 흰색, 회색, 검은색을 사용하며 붉은색, 갈색 등의 색을 사용하기도 한다.

벽돌의 종류는 수십 가지가 넘지만 크게 점토벽돌, 고벽돌, 파벽돌, 전벽돌, 와이드벽돌 등으로 구분한다.

점토벽돌의 대표적인 예로 붉은 벽돌이 있다. 점토의 구성비율과 첨가물에 따라 붉은색부터 주황색, 은색까지 다양한 색을 낸다.

고벽돌은 파벽돌이라고도 하는데, 해외에서 100년 이상 된 고주택을 철거하면서 재사용하는 벽돌이다. 오랜 기간 세월의 흔적이 자연스럽게 녹아있어 고풍스러운 멋이 있다. 붉은색 고벽돌을 적고벽돌, 진회색 고벽돌을 청고벽돌이라고 한다. 최근에는 수입량이 줄고, 희소성이 높아져 한국에서 점토벽돌을 가공하여 고벽돌 스타일을 만들기도 한다.

전벽돌은 푸른빛이 도는 진회색의 벽돌로 우리나라 기와색과 비슷하다. 전통적이고 중후한 분위기를 연출한다.

와이드벽돌은 가로로 긴 벽돌이다. 회사마다 롱브릭 등 다른 이름을 사용한다. 점토벽돌로 만들기도 하고, 시멘트에 복합재료를 섞기도 한다.

▲

벽돌과 벽돌타일의 차이
시공방법이 '쌓기'인 것은 벽돌, '붙이기'인 것은 벽돌타일이다. 성능에 차이가 없어 취향에 맞춰 원하는 방식을 선택한다.

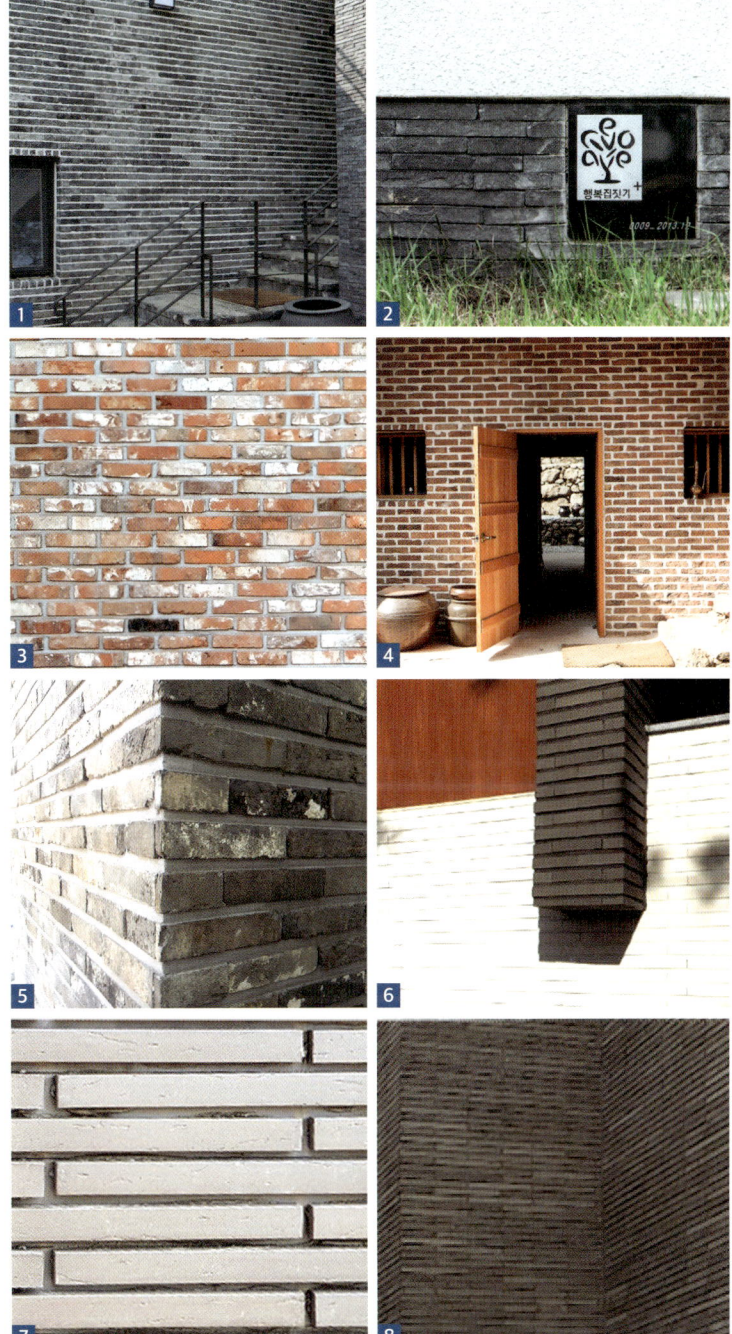

1 가로선을 강조한 청고벽돌
2 와편기와
3 적고벽돌+회색줄눈
4 적고벽돌+흰색줄눈
5 청고벽돌타일
6 백색 롱브릭타일+흰색줄눈
  흑색타일+검정색줄눈
7 롱브릭타일
8 세로 폭이 짧은 벽돌타일

사이딩

기타 외장재로 대표적인 것이 사이딩이다. 사이딩은 건물의 외벽을 감싸며 자재를 덧대는 방식으로 시공한다. 시멘트, 목재, 세라믹, 비닐, 알루미늄 등 종류가 다양하다.

세라믹 사이딩은 한국에서 대중적이지 않지만, 일본에서는 자주 본다. 변색 위험이 적고, 우수한 내구성, 다양한 디자인 등 장점이 많은 자재로 일반 벽돌, 스타코 등에 비해 가격이 높다.

목재 사이딩도 주택에서 많이 사용하는데 기후변화로 목재가 손상되지 않을지 검토해야 한다.

▴
목재 사이딩과 목재 루바의 차이
목재 사이딩과 목재 루바는 사용하는 위치로 나눈다. 목재 사이딩은 외장재, 루바는 내장재로 사용한다.

1 목재 사이딩.
2 목재 루바: 다락으로 올라가는 계단에 목재 루바를 덧대었다.

외부마감 시공사례

전통+현대 컨셉

1. **입구**: 목재, 스페니시기와, 송판노출콘크리트
   주차장: 조경석
2. **건물 외벽**: 적고벽돌
   마당: 현무암 판석
3. **마당계단**: 와편기와타일
4. **처마하단**: 적삼목

전통+자연 컨셉

5 **지붕**: 양철지붕
6 **마당**: 조경석,
　경사지 활용: 지하 창고
7 **벽**: 목재사이딩

외부마감 시공사례

현대적인 컨셉

1,3 지붕: 칼라강판(그레이),
  벽: 스타코(백색), 와편기와
  노출콘크리트,
2 벽면 와편기와

전통+현대 컨셉

4 **지붕**: 스페니시 기와, **2층 벽면**: 스타코 백색, **1층 벽면**: 스타코 백색+적고벽돌, **테라스**: 송판노출콘크리트

5 **벽**: 와편벽돌, 청고벽돌

6 스페니시기와, 와편벽돌, 스타코, 송판노출콘크리트의 조화

외부마감 시공사례

지중해 컨셉

1 **지붕**: 스페니시 기와,
   마당: 부정형 현무암 판석
2 **지붕**: 스페니시 기와
   벽: 스타코
3 **벽**: 송판노출콘크리트
   스타코플렉스

현대+자연 컨셉

4 **지붕**: 칼라강판 **벽**: 스타코
5 **벽**: 적고벽돌
6 **필로티 천정**: 적삼목

실내 바닥은 어떤 걸 선택하죠?

실내 마감 재료를 선택할 때, 종류도 많고 가격도 천차만별이어서 선택이 어렵다. 내장재의 기능은 대부분 비슷하나 디자인과 브랜드에 따라 가격 차이가 난다.

원목마루

나무 합판 위에 2~3mm 두께의 원목을 붙인 바닥재로 고급스럽다. 표면이 긁히거나 손상되었을 때는 표면을 살짝 갈아내는 방식으로 복구할 수 있으나, 외부 충격에 약하고 열전도성이 비교적 낮다. 외부환경에 따라 수축과 팽창이 일어나 뒤틀리거나 들뜨기도 한다.

합판마루

원목마루를 대중화하기 위해 가격을 낮춘 자재다. 여러 겹 이어 붙인 합판 위에 0.5~0.6mm의 무늬목을 붙인 것으로 외관은 원목마루와 비슷하다.

원목마루처럼 표면이 약해 긁힘이 자주 생기고 관리가 어렵지만, 온도나 습도 등 외부환경에 따른 변화가 적어 바닥 난방에 적합하다. 자외선에 의한 변색, 퇴색이 문제였으나 최근 특수 코팅제가 개발되면서 개선되는 추세다.

강화마루

목재를 미세하게 분쇄하여 접착제와 혼합, 압축해 만든 고밀도 섬유판에 목재 무늬 필름을 입힌 바닥재다.

원목마루와 합판마루보다 목재 본연의 질감은 떨어지지만, 흠집이 덜 생기는 장점이 있다. 또 접착 시공이 아닌, 끼워 맞추는 클릭

강마루의 다양한 색상 (→)

시공이어서 작업이 비교적 간단하며, 친환경적이다. 필름을 입히는 데 따라 디자인과 색상이 다양해 선택의 폭이 넓다.

강마루

원목마루와 강화마루의 장점을 합쳐 만든 강하고 실용적인 마루다. 합판 위에 수지를 압착해 만든 고강도 수지를 올리고, 그 위에 목재 무늬 필름을 입힌다.

천연 목재만큼 자연스럽진 않으나 다양한 무늬와 색감을 만들 수 있다. 열전도율이 뛰어나며 열에 의한 뒤틀림이나 변형이 크지 않다. 소음이 적고 유지관리가 쉬운 것도 장점이다.

모노륨

PVC 재질로, 장판이라고 알고 있는 바닥재다. 시공과 철거가 쉽고, 가격이 저렴하다. 두께가 얇고 바닥과 밀착하므로 열전도율이 우수하고 틈새 없이 시공할 수 있다. 표면 강도가 약해 찍히거나 눌리면 홈집이 쉽게 발생한다.

데코타일

타일처럼 만든 단단한 장판이다. 일반 장판보다 강도가 높아 긁힘이나 흠이 생길 확률이 낮다. 시공할 때 타일용 강력 접착제를 사용하여 안전성 문제가 제기되었지만, 최근 친환경 접착제가 출시되면서 잦아드는 추세다. 온도와 습도에 따라 데코타일이 수축과 팽창을 하면서 틈 사이가 벌어질 수 있다. 소비자가 직접 시공하는 DIY(Do It Yourself)가 가능한 대표적인 바닥재 중 하나다.

벽지와 페인트는 무엇이 다른가요?

종이 벽지

종이로 만든 벽지로 주로 거실, 안방 등 실내에 사용한다. 종이벽지가 건축물 내부의 습기를 흡수하고 발산하는 특성을 가지고 있어 실내외 습도조절에 도움이 된다. 이를 통상 건물이 호흡한다고 하기도 한다.

실크 벽지

실크스크린 인쇄벽지는 비닐 코딩된 벽지라고 생각하면 이해가 쉽다. 내구성이 좋고, 오염에 강하다. 주방이나 현관처럼 손때가 많은 곳은 실크 벽지가 좋다.

벽지와 페인트

최근에는 친환경페인트가 많이 나와 실내에서도 많이 사용한다. 다만 종이벽지보다 비싸기 때문에 비용을 줄일 때는 종이벽지를 사용하는 것이 유리하다.

창고처럼 꼭 친환경 제품을 쓰지 않아도 되는 경우에는 일반수성페인트를 사용하면 저렴하게 시공할 수 있다.

> **유성페인트와 수성페인트 차이**
> 페인트 색을 내는 안료는 '가루'다. 가루를 신나(일종의 기름)로 녹이면 유성페인트, 물로 녹이면 수성페인트다. 실내는 수성페인트를 사용하고, 내구성이 필요한 외부는 유성페인트를 사용한다.

벽과 바닥 시공 사례

1 **천정과 벽**: 광폭 친환경 벽지(밀크색)
  바닥: 강마루 (리얼 라이트오크)
2 **벽**: 한지

3 **바닥**: 모노륨
4 **벽**: 노출콘크리트+벽돌타일
　바닥: 강마루(아카시아)
5 **벽**: 광폭 친환경벽지
　바닥: 강마루(월넛)

벽과 바닥타일 어떤 걸 사용할까요?

타일은 디자인과 색상이 다양해서 눈으로 직접 보고 사는 것이 좋다. 타일을 사용하는 면적과 공간이 표시된 도면을 들고 업체에 방문하면 도움이 된다. 스스로 선택이 어렵다면 건축가의 도움을 받는 것도 좋다.

을지로에 가면 타일업체가 많다. 타일뿐 아니라 조명, 가구, 도기 등 인테리어에 관련된 업체가 밀집해 있어 필요한 것들을 한꺼번에 구하기 편한 곳이다.

도기질타일

디자인이 다양하고 두께가 얇고 무게가 가볍다. 흡수율이 높아 내구성이 낮고 기후조건 대응에 약해서 외장재로 사용할 수 없다. 충격을 받으면 쉽게 깨져 바닥에는 잘 쓰지 않고 실내 벽이나 세면대, 욕실의 마감재로 사용한다.

자기질타일

도기질타일보다 견고하고 조직이 치밀하다. 흡수율이 1% 이하로 방수성이 좋아 물이 닿는 곳에도 사용할 수 있어 외장재와 내장재 모두 사용한다. 강도가 높아 잘 깨지지 않고 바닥재로 사용한다.

광택의 처리방식에 따라 무광, 반광, 유광 등으로 나뉜다. 타일 시장에서 쉽게 구분하기 위해 무광을 포세린타일, 유광을 폴리싱타일이라고 한다.

도기질 벽 타일

자기질 바닥 타일

타일 시공 사례

1 황암토 바닥
600*600mm

2 현관입구 바닥
포세린타일 600*600mm

3 화장실
바닥 논슬립 자기질타일
300*300mm
벽면 도기질타일
300*300mm, 300*600mm

4 주방 벽 100*300mm 타일
5 화장실 벽 100*300mm타일
6 주방 벽 300*300mm 타일

인테리어 포인트로 목재 어때요?

실내 마감용으로 적삼목, 소나무, 오크 등 목재를 활용한다. 목재는 크게 강질목과 연질목으로 나눈다. 오크나무 등 단단한 강질목은 주로 바닥에 사용하고, 적삼목 등 상대적으로 무른 연질목은 벽이나 천정에 사용한다.

적삼목, 편백나무, 삼나무 등 목재 특유의 향이 나는 향나무는 실내공기를 쾌적하게 만든다.

1 연질목인 적삼목을 천정에 사용해서 인테리어 효과를 높인다.
2 직원휴게실 내부에 적삼목 마감을 했다.
3 강질목인 오크나무는 계단으로 사용한다.

폴딩도어 설치할까요?

공간을 가변적으로 활용하기 좋은 것이 폴딩도어다. 청마루 혹은 대청마루에 폴딩도어를 설치하여 필요시 실내공간으로 활용할 수 있다.

주택에서 다양하게 활용하고 있지만 카페, 음식점 등 상가에서도 공간 효율성을 높일 수 있다.

1 폴딩도어
2 주방에서 마루로 이어지는 '하늘마루'가 외부와 내부 공간을 연결한다. 하늘마루에 폴딩도어를 설치하면 실내공간을 확장해서 사용할 수 있다.

신재생에너지로 전기 사용료 줄일 수 있나요?

소규모 주택에 추천하는 신재생에너지는 태양열과 태양광이다. 지열은 땅 파는 비용, 지열을 에너지로 바꾸는 컨버터 등 투자비용보다 얻을 수 있는 에너지양의 효율이 낮아 대형건물에 적합하다.

태양열과 태양광의 차이

태양열은 열을 발생시켜 온수나 난방에 사용하고, 태양광은 전기를 생산한다. 누진 요금제로 전기절약과 환경보호 차원에서 태양광을 사용하기도 한다.

태양열 태양광 설치 시 주의사항

무조건 설치하지 말고 투자 대비 효율성을 분석하고, 내가 사용하는 전기 사용량을 예측해서 선택하는 것을 권한다.

예를 들어 30평짜리 집의 한 달 전기 사용료가 평균 3만 원일 때, 1년이면 36만 원, 10년이면 360만 원이다. 신재생에너지 설치비용이 450만 원인데, 10년 동안 전기를 써도 투자비용이 회수되지 않는다.

반면 전기를 많이 사용할 때는 누진 구간이 있어서 신재생에너지 설치가 유지관리비 절감에 도움이 된다.

전기를 200kw 사용하는 사람과 500kw 사용하는 사람이 있다. 200

> **태양광, 태양열 패널 닦아야 할까요?**
> 먼지가 쌓이더라도 사용하는데 지장이 없고, 빗물에 씻겨 내려가기 때문에 닦지 않아도 성능에 큰 영향을 미치지 않는다.

kw의 경우 한 달 전기 사용료가 3만 원이라면, 500 kw는 누진 구간이 적용되어 10만 원 이상 전기 사용료를 낸다. 그러면 1년에 120만 원, 10년에 1200만 원이다. 신재생에너지 설치비용이 450만 원이라고 할 때, 5년이면 투자비용이 회수되므로 설치하는 편이 경제적이다.

1 태양열에는 태양열을 흡수하는 원통형 장치가 있다.
2 태양광

tip. 재료 선택이 어려울 때

자재를 선정할 때는 안전성, 경제성, 편의성, 적합성을 종합적으로 살펴야 한다. 이 네 가지에 문제가 없다고 판단한 다음 디자인을 고른다. 박람회에서 획기적인 무언가를 보았다고 해도 건축가에게 물어보고 적용하는 것이 좋다. 집을 짓는 상황이 지역과 설계에 따라 다르기 때문이다.

재료의 안전성

집은 안전한 환경에서 편하고 안락한 일상을 유지하며 보호받아야 한다. 집만 튼튼하다고 해서 안전한 것은 아니다. 집을 지탱하는 땅도 튼튼해야 한다.

토목공사는 무거운 흙을 단단하게 지탱하는 구조가 필요하다. 면적, 높이, 길이에 따라 옹벽 구조를 정한다. 옹벽 공사에서 중요한 것은 배수 기능이다. 구조가 튼튼해도 물이 흐르지 않으면 흙과 물의 무게가 더해져 옹벽이 무너진다. ▶안전한 옹벽시공방법 232p.

건축공사는 화재 위험을 줄이기 위해 난연 혹은 불연소재를 사용하고, 미끄럼 방지 타일을 설치한다. ▶단열재의 종류 139p./ ▶자기질타일 182p.

상황에 맞는 자재

황토방에서 자던 부부가 사망했는데 일산화탄소 중독이 원인이었다. 황토방 땔감인 나무가 연소하는 과정에서 일산화탄소가 발생한 것이다. 황토방과 온돌은 오래전부터 사용한 전통방식인데 왜 현대에 와서 이런 일이 생겼을까? 이유는 '밀폐성'이다.

예전에는 불을 땔 때 바닥은 뜨겁고 공기는 차가웠다. 단열이라곤 벽과 문풍지 하나뿐이어서 외풍이 많이 들어왔고, 자연스럽게 환기가 되었다. 지금은 창과 문은 물론 단열성능도 좋아졌다. 땔감이 탈 때 발생하는 이산화탄소가 나갈 수 없을 정도로 공간이 밀폐되어서 사망에 이른 것이다.

아무리 좋은 자재여도 상황에 맞게 사용하지 않으면 독이 된다. 자재의 잘못된 사용은 자칫 생명을 위험에 빠뜨리므로 신중하게 선택한다. ▶실내 공기를 환기하는 벤트 133p.

관리하기 쉬운 자재

단독주택은 아파트처럼 관리인이 있는 것이 아니라, 집안 살림을 직접 수리하거나 전문업체를 불러야 한다. 가능한 불편함을 줄여야 하므로 당장 멋있고 좋아 보이는 자재보다는 오래가고, 비바람에 강한 자재를 사용하는 것이 좋다. 이를 내구성, 내

후성이라고 한다.

한국은 사계절이 뚜렷해서 재료의 수축과 팽창, 습함과 건조함의 사이클이 매우 크다. 한국보다 계절 변화가 뚜렷하지 않은 해외에서 좋은 재료라 하더라도 한국의 기후에 맞지 않으면 쓸 수 없다.

건물 외벽에 나무를 덧대 달라는 요구를 가끔 받는다. 자연스럽기도 하고 친환경 분위기가 나서 선호하는데 여름과 겨울 기온 차가 큰 한국의 사계절에는 맞지 않는다. 덧댄 나무가 비와 눈에 젖었다가 마르기를 반복한다. 이렇게 기온과 습도의 큰 변화에 나무는 어두운 고동색으로 변하면서 갈라진다. 미관상 좋지 않아 나무를 계속 교체해야 하는데 그 비용이 만만치 않다.

설계할 때 자재의 특성과 한국의 기후를 고려하여 내후성이 강한 자재를 사용해야 한다. 자주 교체하거나 연결지점이 마모되어 내구성이 떨어지는 자재는 피하는 것이 좋다.

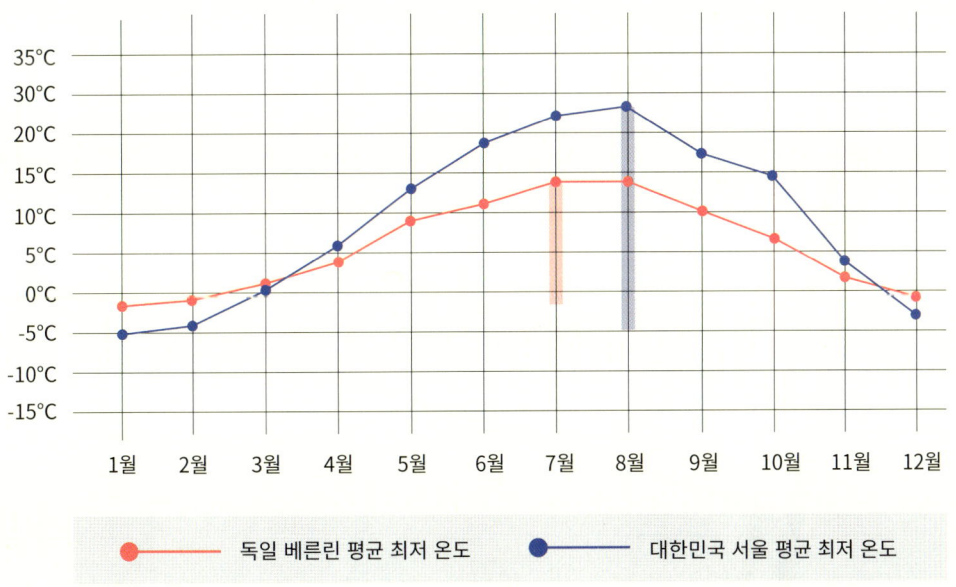

Chater.6

허가받을 때는 인내심이 필요하다

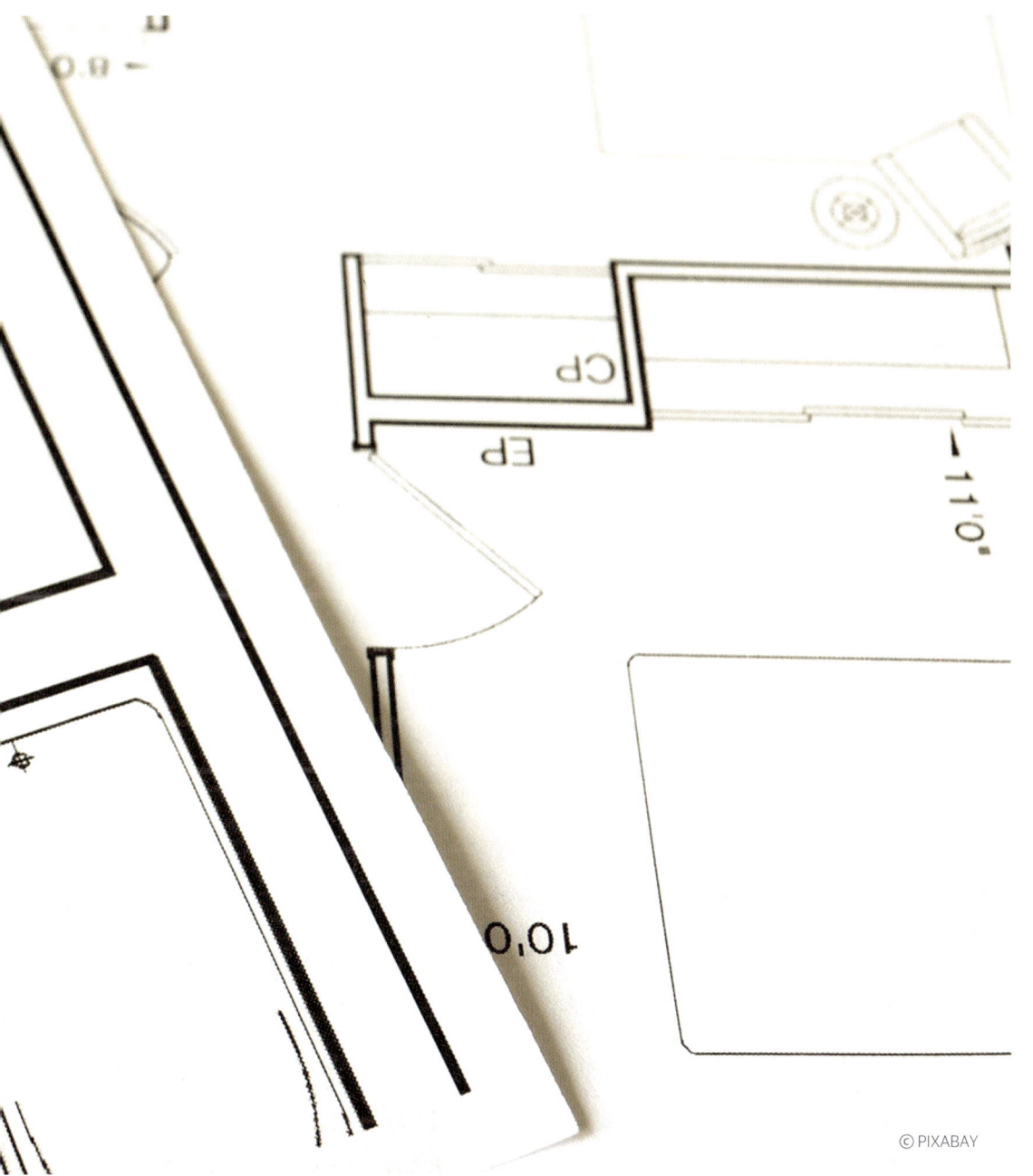

© PIXABAY

허가 받는데 시간 얼마나 걸려요?

허가 받는데 시간이 오래 걸리는 이유

건축하기 위해서 약 30여 개 법령의 관계사항을 면밀하게 검토한다. 해당 지역에 입지가 가능한지, 건폐율·용적률 등이 적정한지를 검토하고 이 외에도 배수설비, 정화조 설치, 도로, 개발행위허가에 필요한 농지전용, 산지전용, 토지형질변경 등이 검토 대상이다.

개발행위허가 및 건축인허가와 관련 있는 부서가 많아 궁금한 내용을 어디에 질문해야 할지 갈등이 생긴다. 지자체마다 각 과의 이름이 다르고 상황에 따라 서류를 제출하는 부서가 다르지만, 대표적인 곳을 알면 참고가 될 것이다.

1. 건축과 : 인허가의 모든 사항을 진두지휘하고 취합해서 최종 허가를 내주는 부서
2. 허가과 : 개발행위허가
3. 농지과 : 농지전용 관련 협의
4. 산지과 : 산지전용 관련 협의
5. 도로과 : 지자체에서 사용하는 도로점용에 대한 협의
6. 하수과 : 정화조, 하수, 배수 등
7. 상수과 : 상수시설 및 상수원인자부담금 관련 협의
8. 환경과 : 환경(대기,소음,진동 등) 영향에 관한 협의
9. 안전과 : 자연재해대책에 관한 협의
10. 문화과 : 문화재 관련 협의

개발행위허가 및 건축 인허가 받는 과정

개발행위허가 및 건축 인허가는 건축과에서 의제처리한다. 의제처리는 A+B+C를 한꺼번에 묶어서 처리하는 것으로, 통합행정 또는 복합민원처리라고도 한다.

허가를 받기 위해 건축과, 산지과, 도로과, 하수과 등 모든 과를 돌아다니며 하나하나 서류를 다 제출했던 적이 있다. 시간이 오래 걸리고 과정도 번거로워 '의제처리'를 만들었다. 지금은 허가 관련 서류와 민원을 건축허가담당자가 일괄처리한다. 소통의 창구가 하나가 된 현재, 민원인은 여기저기 다니지 않아도 된다.

의제처리로 법령을 검토하다가 놓친 부분이 생길 때가 있다. 건축허가를 냈는데 알고 보니 상수원 보호구역이라 건축할 수 없는 경

상수원 보호구역
댐, 저수지, 호수, 수질정화시설 등이 있는 곳은 상수도 보호구역일 가능성이 크다. 건축이 제한적이고 깨끗한 수질 유지를 위해 정화 기능이 우수한 정화조를 설치해야 한다. 규제가 심한 곳은 아무것도 할 수 없다.

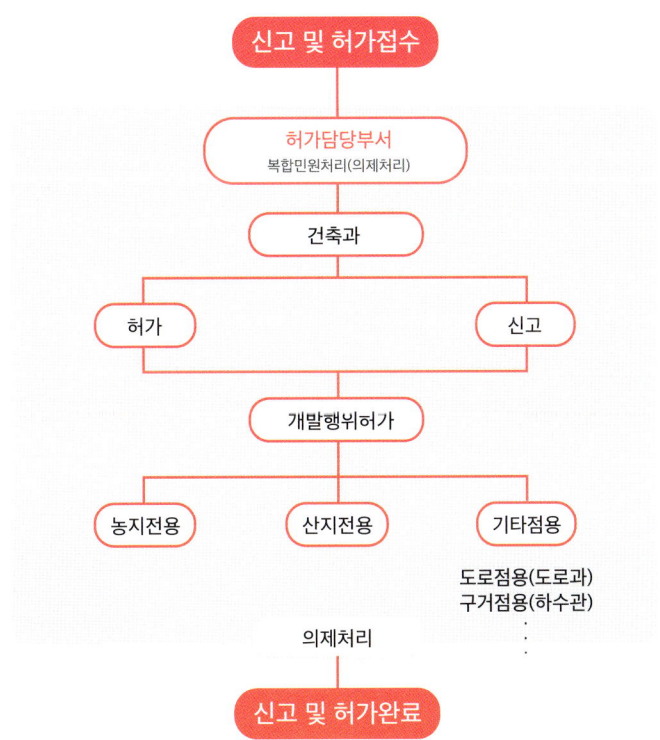

우, 건축허가는 취소되고 허가를 내어준 공무원은 책임을 지게 된다. 물론 건축주도 손해를 피할 수 없다. 이처럼 발생할 수 있는 피해를 최소화하기 위해서 '협의'를 한다.

허가 관련 서류를 받은 허가담당자는 관련 서류를 각 과에 전달해서 허가 가능한지 검토해 달라는 '검토의견서'를 보낸다. 이 과정이 '협의'다. 관련 부서에서 '협의' 하여 '허가 가능'이라고 결론 나면 '협의 완료'된 것이며, 모든 과에서 '허가 가능'이라는 답변을 주면 최종 '허가 완료' 된다.

여기서 건축허가를 받으면 개발행위허가를 받지 않아도 된다는 오해가 생긴다. 건축허가를 받기 위해서 건축도면과 토목도면을 같이 접수한다. 허가신청서에 관련 서류(건축허가신청서, 개발행위신청서, 도면 등)를 갖추어 함께 제출하면 건축허가와 동시에 개발행위허가가 일괄처리 즉, 의제처리된다. 민원 접수 제목은 '건축허가 및 신고'이지만 사실상 그 안에 개발행위허가도 포함된 것이다.

옆집은 허가 받았는데 제 땅은 왜 안되죠?

지방자치단체 조례의 중요성

개발행위허가의 기준은 '국토의 계획 및 이용에 관한 법률', '산지관리법', '농지법'이지만 지역마다 땅의 특징이 다르므로, 지자체의 재량에 따라 법이 미치는 영역이 좁혀지거나 넓어지기도 한다.

예를 들어 '평균 경사도 25% 이상의 경사지에는 건축할 수 없다'라는 법은 경사가 많아 건축을 많이 할 수 없는 산지 지역은 평지 지역보다 훨씬 불리하다. 지역균형개발이 어렵기 때문에 세부적인 내용은 지자체에 위임하고, 지역의 특성을 반영한 지방자치 조례를 만들어 지역에서 판단할 수 있도록 했다.

네이버 지식인이나 카페 등에 올린 문의 글의 답변 마지막 문구로 '자세한 내용은 담당 지자체나 지역 설계사무소에 문의하세요.'를 덧붙이는 이유다. 허가 가능 여부를 확인할 때 다른 지역을 보기보다는 담당 지자체에 직접 문의하거나 지자체의 사례를 살펴보는 것이 좋다.

혼란스러운 애매한 법

법률이 구체적인 상황을 규정하지 못하기 때문에 행정은 유권해석 방식에 따라 허가 결과가 달라지기도 한다.

임야인 땅을 사서 집을 지으려고 할 때 산지관리법은 '자연경관 및 산림 훼손을 최소화해야 한다'라고 되어있다. 어느 범위까지가 자연경관 및 산림 훼손을 최소화하는 것인지에 대한 구체적인 정의가 없다.

같은 허가내용이라도 5년 전에는 허가를 받았는데, 5년 후에는 허가받지 못할 수 있다. 허가담당자가 바뀌면서 해석에 따라 자연경관 훼손의 기준이 다르기 때문이다. "저기는 허가 났는데요"라고 민원인이 이의를 제기하면 허가 내준 담당자한테 말하라고 하는 것이 현실이다.

애매한 법 조항은 국토법, 산지관리법, 농지법이 아닌 그 외 구조물(옹벽)검토서나 환경, 재해, 도시계획심의 등 다른 법률에서 주로 해결한다. 임의해석 및 집행으로 해결한 사례는 위법일 가능성이 있어 신중히 접근한다.

일정 규모가 넘어가면 도시계획위원회심의를 받는다. 심의를 받는 경우도 지자체마다 다르다. 심의위원의 법 해석에 따라 허가 여부가 달라진다. 도시계획위원회 심의위원에게 근거를 제시하는 기간이 오래 걸리고, 허가 가능 여부도 심의에 따라 달라진다. 심의위원이 요구하는 추가서류제출로 추가비용이 발생할 수 있다. 개발하려는 택지가 도시계획심의 대상인지, 아닌지 미리 확인해야 하는 이유다.

개발행위허가 꼭 받아야 하나요?

전원생활을 꿈꾸는 사람들이 쉽게 놓치는 것이 있다. 땅에 대한 허가, 즉 개발행위허가와 그에 따른 비용이다.

보통 집을 짓고자 하면 건축설계비, 건축공사비 정도만 생각한다. 시골은 논, 밭, 산이 많아 건축할 수 없는 곳이 대부분이다. 집을 짓기 위해서는 반드시 개발행위허가(토목허가)를 받아야 한다.

개발행위허가를 받아야 하는 경우

개발행위허가란, 건축물의 건축·공작물의 설치·토지의 형질변경·토석의 채취·토지의 분할 및 물건을 쌓아 놓는 행위를 할 때 지자체에 신고 및 허가를 받는 제도이다. 아래 상황에 해당하면, 개발행위허가를 받아야 한다.

1. 건축할 수 없는 곳 (전, 답, 임야 등)에 건물을 짓고 싶을 때
-〉건축, 공작물의 설치

2. 면적이 큰 땅(택지)을 여러 개의 땅(필지)으로 나누고 싶을 때
-〉토지분할

3. 땅을 높게 쌓거나(성토), 다지거나(정지), 파거나(절토), 포장하고 싶을 때
-〉토지의 형질변경, 토목공사

4. 흙, 모래, 자갈, 바위 등을 캐고 싶을 때
-〉토석 채취

5. 컨테이너, 나무 등을 쌓아야 할 때
-〉적취 행위

개발행위허가* 안에는 산지전용허가(지목 임), 농지전용허가(지목 전, 답, 과수원), 각종 점용허가(도로, 구거, 하천 등)가 포함되며, 이러한 개별 허가까지 받아야 최종 개발행위허가를 받게 된다.

　개발행위허가 신청이 완료되었다면 2년 이내에 공사해야 하며, 이 기간 내에 공사하기 어려우면 연장신청을 한다. 2년이 지나면 개발행위허가가 만료, 취소된다.

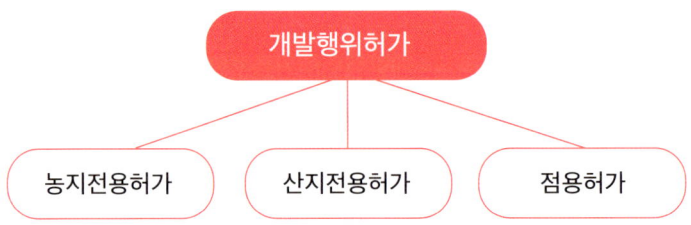

개발행위허가를 받지 않아도 되는 경우**

　산지 및 농지를 개발하기 위해서는 개발행위허가를 무조건 받아야 한다. 1평짜리 임야나 농지라도 개발행위허가를 받고, 그에 대한 비용을 내야 한다. 작은 규모도 법을 무시하고 건축물을 지으면 불법행위가 되어 벌금을 내거나, 건물을 철거당할 수도 있어 합법적인 절차를 거쳐야 한다.

　기존 대지(지목 대, 잡종지)에서의 가벼운 행위는 개발행위허가 대상에서 제외된다. '높이 50cm, 혹은 깊이 50cm 이내로 땅을 파거나 쌓으면 허가를 받지 않아도 된다.'는 조항이 대표적이다.

---

* 국토의 계획 및 이용에 관한 법률 시행령 제51조(개발행위허가의 대상)
** 국토의 계획 및 이용에 관한 법률 시행령 제52조(개발행위허가의 경미한 변경)
　국토의 계획 및 이용에 관한 법률 시행령 제53조(허가를 받지 아니하여도 되는 경미한 행위)

건축공사에서 땅을 파는 행위('터파기'라고 한다)는 개발행위허가를 받지 않아도 되지만 터파기 혹은 되메우기가 끝나고 원래 지반보다 50cm 높거나 낮으면 개발행위허가를 받아야 한다.

개발행위허가를 받지 않아도 되는 가벼운 행위는 여러 경우가 있어 건축·토목설계사무소에 문의하면 자세하게 알 수 있다.

허가 기간은 넉넉하게

법적인 처리 기간은 15일이지만, 일반적으로는 30일가량 소요된다. 택지의 규모, 제한사항 등에 따라 적게는 몇 주, 길게는 2, 3년 가까이 걸릴 수도 있다. 면적이 크면 검토해야 할 사항도 많아 허가 기간이 오래 걸린다. 허가를 진행하던 도중 법이 바뀐다면 그 법령에 맞춰 재검토해야 하는 상황도 생긴다. 허가 기간은 건축·토목설계사무소와 의논하여 넉넉하게 잡는 것이 좋다.

개발행위허가를 받기 위한 자격

개발행위허가를 받기 위해서는 자격이 필요하다. 토목설계 관련 도면과 자료 등은 관련 자격증을 가진 사람의 인증(도장 혹은 사인)이 있어야 서류접수가 완료된다. 건축주가 서류제출을 직접 할 수 있으나, 직접 개발행위허가를 받기는 어렵다. 관련 자격증을 소지한 토목설계사무소, 토목측량사무소에서 행정업무를 대행한다.

개발행위허가를 위한 개발부담금

개발행위허가에 필요한 서류와 제출은 토목설계사무소에서 위임하여 진행한다.

농지전용이나 산지전용 등의 전용허가에 따라 부담금, 기타 점용허가 비용, 세금 등을 내야 개발행위허가를 받을 수 있다.

'개발부담금'은 토지를 개발하는 것으로 생기는 개인의 이익 일부를 사회에 환원하는 개념이다.

개발부담금 부과 대상*

① 특별시·광역시 또는 특별자치시지 중 도시지역
   $660m^2$(199평) 이상
② ①외 도시지역 $990m^2$(299평) 이상
③ 관리지역 등 비도시지역 $1,650m^2$(499평)이상
   (국유지 면적 포함)

2017년 1월 1일부터 2019년 12월 31일까지 최초 사업에 대해서는 도시지역 $1,500m^2$(453평), 비도시지역 $2,500m^2$(756평)로 한시적 완화하였으나, 현재는 종료되었다.

개발부담금 납부 시점

개발부담금은 개발 사업이 종료된 시점 즉, 공사가 끝난 준공일이나 사업검사일로부터 3개월 이내에 부과된다. 40일 이내에 사업설계서 등 개발비용산출증빙서류와 함께 개발비용 산출내역서를 제출해야 하며, 위반하면 과태료가 부과된다.

납부내역은 상황에 따라, 지자체에 따라 달라 허가받는 과정에서 확인하며 진행한다.

---

*개발이익 환수에 관한 법률 시행령 제4조(대상사업)

건축허가 어떻게 받아요?

건축인허가란, 토지 위에 건축물을 짓기 위해 지자체에 허락을 받는 것이다. 주택·공장·상가·오피스텔·농가 주택·창고뿐 아니라, 작은 농막을 짓더라도 허가를 받아야 한다. 허가받지 않고 건축하면 벌금을 내거나 해당 건축물을 철거해야 한다.

건축인허가는 규모에 따라 건축신고와 건축허가로 나눈다.

건축인허가는 어디에서

건축인허가는 국토교통부에서 운영하는 '건축행정시스템-세움터'에서 진행한다. 국가에서 공인한 건축사면허증을 가진 사람만이 세움터에 접속하여 '건축인허가'를 신청할 수 있다. 인허가 서류를

	건축신고*	건축허가**
규모	**관리지역, 농림지역, 자연환경보전지역** 연면적이 200㎡(60평) 미만이고, 3층 미만인 건축물의 건축 **도시지역** 바닥면적의 합계가 85㎡(25평) 이내의 증축·개축 또는 재건축 (3층 이상 건축물에서 증축·개축 또는 재건축하려는 부분의 바닥면적 합계가 건축물 연면적의 10분의 1 이내인 경우로 한정)	**관리지역, 농림지역, 자연환경보전지역** 연면적 200㎡(60평) 초과 **도시지역** 바닥면적의 합계 85㎡(25평) 초과
효력	1년 이내 공사하지 않으면 신고의 효력이 없어진다. 1년 연장할 수 있다.	2년 이내 공사하지 않으면 허가의 효력이 없어진다. 1년 연장할 수 있다.
준공	건축물을 설계한 건축가가 약식 감리하고, 지역 공무원이 현장방문해서 확인한다.	건축물의 용도와 규모에 따라 허가권자가 감리를 지정하거나, 설계자가 직접 감리한다.

제출할 때 건축물의 구조 안정성, 화재 위험성으로부터의 안전, 에너지효율 등 설계에 대한 전문적인 자료가 필요하므로 건축주가 직접 건축인허가를 받을 수 없다.

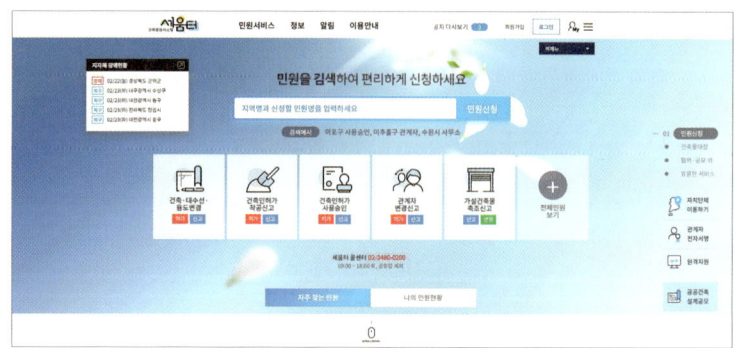

건축인허가 기간 '30일 이상'

법적으로는 7일 이내 처리완료가 목표지만, 건물규모와 주변상황에 따라 처리 기간이 연장되기도 한다. 하수과, 도로과 등 협의부서 회신결과에 따라 시간이 길어지기도 한다.

개발행위허가를 받지 않고, 공휴일을 제외한 평일 기준 매끄럽게 진행될 경우 통상 30일 걸리며, 상황에 따라 그 이상 걸릴 수도 있다.

---

* 건축법 제14조(건축신고)
* 건축법 제11조(건축허가)

지적도에 적힌 땅 면적이 줄기도 하나요?

주소에 '산00-0임'이라고 되어 있을 때는 지적등록전환 전 토지다. 지적등록전환이란, 토지의 형질변경·건축물의 준공 등으로 인해 지목이 변경되어야 할 토지를 임야대장 및 임야도에서 토지대장 및 지적도에 옮겨 등록하는 것을 말한다. 그런데 지적변환 후 지적도에 있는 면적과 달라지는 경우가 있다.

임야도와 지적도의 축적차이

임야도는 1/3,000이나 1/6,000축척으로 작성되지만 지적도는 1/1,200이나 1/1,500 축적을 사용한다. 넓은 땅을 대략적으로 측정한 임야도를 좁은 지역을 자세하게 측정한 지적도로 바꾸면 미처 발견하지 못한 경계와 면적이 나온다.

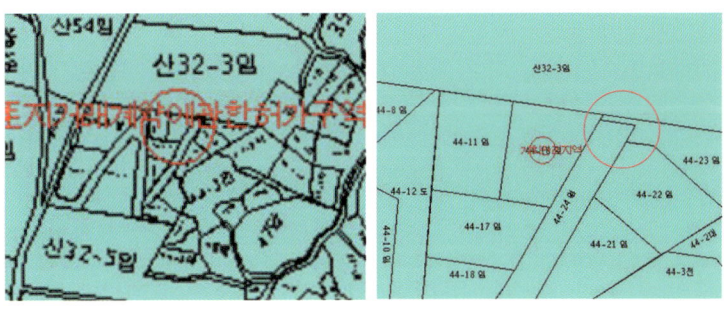

경사도 반영 여부

지적도는 평면에서 측정하기 때문의 경사도를 반영하지 않는다. 경사가 높은 토지와 낮은 토지를 지적도에 옮길 때 경사가 높은 토지의 면적이 더 넓기 때문에 면적 차이가 난다.

밭, 논에 집 지으려면 농지보전부담금을 내야 하나요?

농지전용허가에서 '전용'은 '남과 공동으로 쓰지 않고 혼자서만 씀.'이라는 뜻으로, 원래 농지로 사용하던 땅을 내가 원하는 목적으로 쓰기 위해 국가에 허락을 받는 일이다.

이때 허가에 따른 '농지보전부담금'이 발생한다. 농지보전부담금이란 개발행위를 통해 훼손된 농지를 보상하는 비용이다. 농지관리기금의 일종으로 대체농지를 만들거나, 농어촌 관리자금으로 사용한다.

농지전용 허가받을 때 해야 하는 것
① 농지보전부담금 (담당 행정청)
② 경계복원측량 (대한지적공사)
③ 농지전용대행료 (토목설계사무소)
④ 기타 면허세 (담당 행정청)

농지보전부담금을 내는 시기

개발행위허가를 받을 때, 농지과에 '농지를 개발해도 되겠냐'는 협의문을 보내고 '가능하다'라는 공문을 받는다. 공문 하단에 농지보전부담금과 입금계좌번호를 확인한 후 담당 행정청에 농지보전부담금을 낸다.

농지보전부담금을 내지 않으면, 농지전용허가증을 받을 수 없고, 개발행위허가는 물론 건축인허가도 받을 수 없다. 반드시 농지보전부담금을 납부하고 허가증을 받는다.

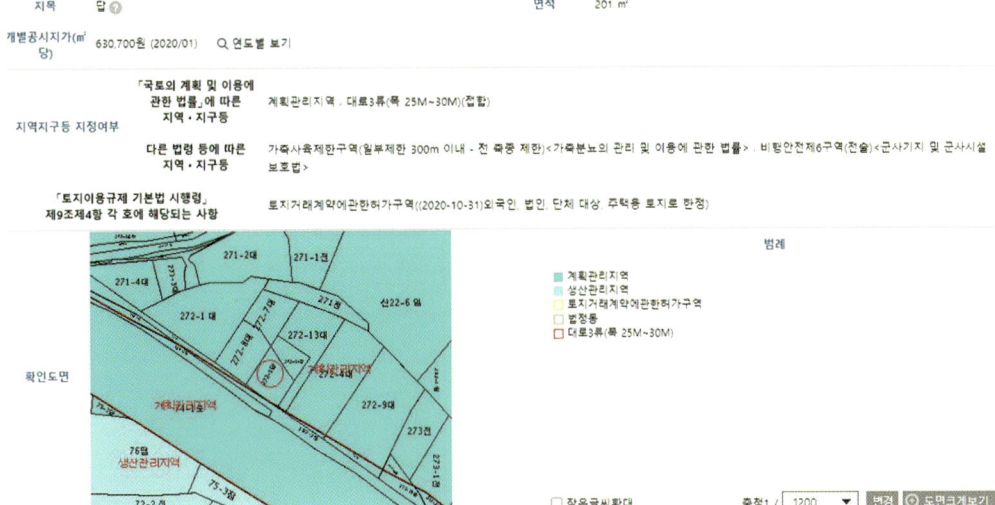

농지보전부담금 비용*

농지전용금은 개별공시지가를 확인하고, 공식에 대입한다.

<전용할 농지의 면적(㎡) X 개별공시지가의 30%>

해당 지번 땅 지목이 '답'이면 농지에 해당하므로 농지보전부담금을 낸다.

토지면적이 201㎡(60평)이고, 개별공시지가 630,700원이다. 공시지가 630,700원의 30%는 189,210원인데, 공시지가의 30%가 5만 원(1㎡당)을 초과할 때에는 상한액인 50,000원**을 적용한다. 즉 대상지의 농지보전부담금은 201 × 50,000원 = 10,050,000원이다.

---

* 농지법 시행령 제53조(부과기준 및 부과기준일)
** 농지법 시행규칙 제47조의2(농지보전부담금의 제곱미터당 상한 금액)

한국농어촌공사 홈페이지(www.ekr.or.kr)농지보전부담금 사전 계산 및 조회를 활용하면 복잡한 계산 없이 농지보전부담금을 알 수 있다.

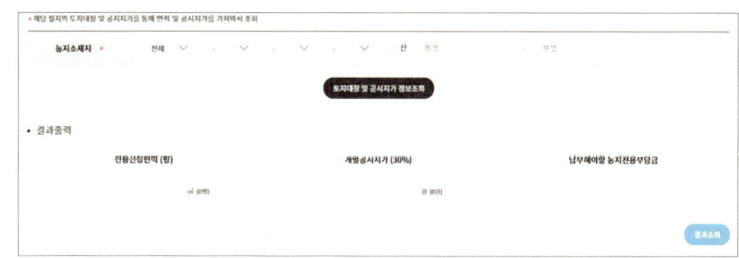

분쟁을 막기 위해 경계복원측량은 필수

경계복원측량이란, 지적도나 임야도에 등록된 땅의 경계를 실제 토지에 표시하거나 토지의 경계가 지적도나 임야도와 맞는지 확인하는 것이다. 측량 후, 내 땅 모서리마다 빨간색 말뚝(표시)을 박으면 경계복원측량이 완료된 상태다. ▶지적측량의 종류 132p.

땅과 땅 사이의 경계가 불분명하거나 대지 경계선과 가까운 곳에 건물을 지으면 추후 분쟁 소지가 있어 반드시 해야 한다.

지역과 면적, 필지 수에 따라 처리 기간이 다르다. 동은 5일, 읍·면은 7일 이내로 규정하지만, 대부분 지연되므로 시간을 넉넉하게 잡는 것이 좋다.

경계복원측량 비용은 지역과 면적, 필지 수에 따라 다르다. 한국국토정보공사에 직접 신청하거나 지역 토목설계사무소에서 의뢰한다. 신청인의 주민등록번호와 택지의 지번을 알려주고 대행한다. 1~2주 소요된다.

경계복원측량 신청 방법
대한지적공사 홈페이지에서 예상 금액을 알 수 있다. '지적측량 바로처리 센터'에 접속하여 지적경계복원측량을 신청한다. 대상지 지번 입력은 필수다. 신청 접수 후 1주~2주 후, 정확한 경계복원측량 소요비용이 산출된 통지서를 받는다. 소요비용을 입금하면, 경계측량을 시행할 수 있다.

토목설계사무소에 농지전용대행료를 지불

개발행위허가와는 별도로 농지전용허가 대행비용을 토목설계사무소에 지불한다. 토목설계사무소는 농지전용에 필요한 서류를 작성하여 제출한다. 택지의 면적, 주변 상황, 법적 규제 등에 따라 대행료가 달라질 수 있어 정확한 금액은 토목설계사무소에 방문하여 상담해 보기를 권한다.

담당 행정청에 기타 면허세 납부

면허세는 특정한 행위나 영업을 허가할 때 허가받는 사람에게 부가하는 세금이다. 농지전용에 따른 개발행위 '허가'에 대한 세금을 내야 한다. 면허세 이외의 세금도 발생할 수 있어 허가받을 때 주고받은 공문을 꼼꼼히 확인한다.

지목 대지가 농지로 바뀌는 경우를 주의

시골에서 3년 이상 텃밭을 가꾼 후, 건축허가 혹은 증축신고를 하려면 농지보전부담금을 내야 한다. 지목이 대지인데 농지보전부담금을 내는 이유는 텃밭이 농지가 되었기 때문이다.

농지법에서 농지를 '지목이 전·답·과수원, 그 밖의 지목을 불문하고 다년생식물을 재배하는 땅'으로 정의*한다. 3년 이상 농작물 혹은 다년생식물을 재배한 텃밭은 지목이 대지 일지라도 농지가 되어 농지보전부담금을 내야 한다.

지자체에 따라 법이 적용 범위가 달라질 수 있어 3년 이상 텃밭을 가꾸고 있다면 짚고 넘어가야 할 일이다.

---

* 농지법 제2조(정의), 농지법 시행령 제2조(농지의 범위)

산에 집 지으려면 대체산림자원조성비를 내야 하나요?

산지전용 허가란 나무가 자라는 산을 내가 원하는 목적에 맞게 사용하기 위해서 국가(산림청)에 허락을 받는 것이다. 지목 상 '임' 일 때, 산지전용 허가를 포함한 개발행위허가를 받는다.

이때 개발을 위해 훼손된 산지의 나무와 땅을 다른 곳으로 복구하기 위해 '대체산림자원조성비*'를 낸다. 대체산림자원조성비는 '산지전용금'이라고도 한다. 산림의 무분별한 훼손과 난개발을 막기 위해 시행되었다.

산지전용 허가받을 때 해야 하는 것
① 대체산림자원조성비 (담당 행정청)
② 산림조사서 (산림조사기관)
③ 산지전용 대행료 (토목설계사무소)
④ 기타 세금 및 이행보증보험 등

대체산림자원 조성비를 내는 시기
산지전용금은 산지를 개발하여 사용하고자 하는 사람, 즉 건축주가 낸다. 산지전용 허가 처리 공문을 받으면 금액과 입금계좌번호가 적혀있다. 확인하여 담당 지자체에 납부한다.

대체산림자원조성비를 내지 않으면 개발행위허가 승인이 나지 않아 납부고지서 발행일부터 20일 이상 90일 이내에 낸다.

---

* 산지관리법 제19조(대체산림자원조성비)

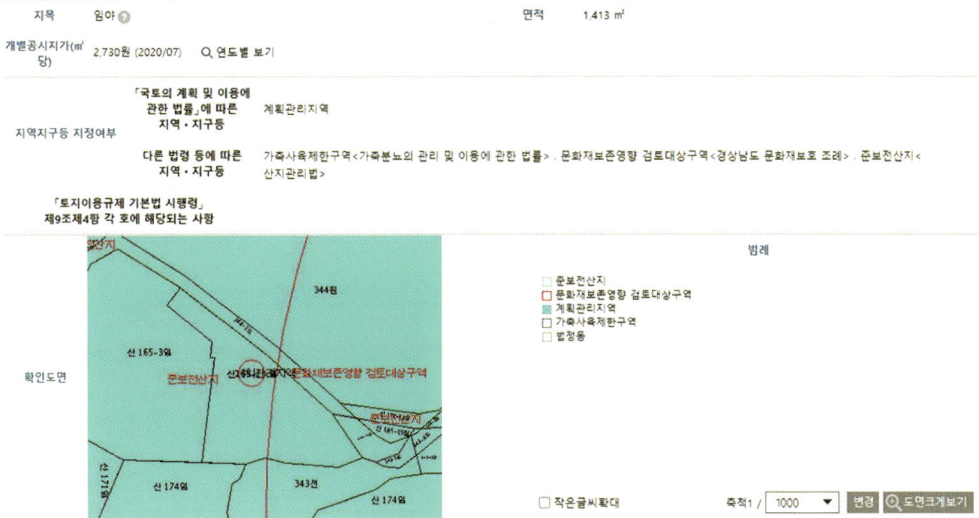

대체산림자원조성비의 비용

단위 면적당 금액은 준보전산지와 보전산지마다 적용금액이 다르다. 그런데 토지이용계획확인원에서 보전산지나 준보전산지라는 구분이 없을 때가 있다. 그때는 대체로 준보전산지로 보는데, 서류에 없을 때는 지자체에 반드시 문의해서 정확한 정보를 확인한다.

산지전용허가면적 x (단위면적당금액* + 해당산지 개별공시지가의 1000분의 10)

산림청에서 매년 대체산림조성비 부과기준을 제시하기 때문에 개발하려는 연도의 기준을 봐야 한다.

단위면적당 금액 (2021년 기준, 산림청 고시)

① 준보전산지 : 6,790원/m^2

② 보전산지 : 8,820원/m^2

③ 산지전용 및 일시사용제한지역 : 13,580/m^2

개별공시지가의 1%는 해당하는 금액은 최대 6,790원/m^2로 한정

면적 1,413m^2(427평)의 임야인 해당 지역은 준보전산지로 단위 면적당 금액이 6,790원이다. 개별공시지가 2,730원에 따른 1%(1000분의 10)는 273원이다.

이를 공식에 대입하면 1,413×(6,790+273)=9,980,019원. 약 990만 원을 대체산림조성비로 낸다.

토지 면적에 따라 산림조사서 제출

산림조사서란, 개발행위허가를 받아야 하는 산지의 나무 종류, 나이 등의 현황 자료조사 보고서다. 산림조사를 전문으로 하는 산림조사기관에 의뢰하여 작성한다. 허가면적 660m^2(199평) 이하일 때는 제출할 필요가 없다.

토목설계사무소에 산지전용 대행료를 지불

토목설계사무소에서 산지전용에 필요한 서류를 작성하고, 제출한다. 그에 따른 대행료를 지불해야 하는데 금액은 면적에 따라 다르다.

택지의 면적, 주변 상황, 법적 규제 등에 따라 대행료가 다르기 때문에 정확한 금액은 토목설계사무소에 방문하여 직접 확인한다.

산지전용 허가와 이행보증보험

산을 벌목하고 개발행위허가를 받았는데, 공사하지 않거나 혹은 공사가 도중에 멈춰 준공허가를 받지 못할 때가 있다. 이때 훼손한 산지를 원래대로 돌려놓을 산지복구비를 내야 한다.

예정대로 준공이 됐다면 산지복구비는 돌려받는다. 금액이 큰 경우가 많아, 보증금 형태로 보험사의 이행보증보험 증권으로 대체하기도 한다. 산지에 개발행위허가를 받을 때는 이행보증보험을 두 가지 들게 된다. 개발행위허가 공사에 의한 복구비와 산지전용 허가에 따른 공사 복구비다.

산지전용 면적이 $660m^2$(199평) 미만일 때 산지복구비는 면제된다. 또한 필지분할을 위한 개발행위허가에도 발생하지 않는다.

기타 세금

개발행위허가에 따른 면허세가 발생하고, 새롭게 산지를 소유하게 될 경우에는 취득세를 납부한다.

도로와 땅이 맞닿아 있는데 허가 받을 수 없다고요?

사도를 사용하기 위해 소유주의 사용승낙서를 받는 것처럼, 도로가 국유지일 때 담당 지자체에 점용허가를 받는다. 진출입로를 위한 도로점용 허가, 배관 공사 굴착을 위한 도로점용 허가 등이 있는데 용도에 맞는 점용 허가를 따로 신청한다. 두 가지 모두 해당하면 두 가지 다 신청한다.

진출입로 확보를 위한 도로점용 허가

건축허가를 받기 위해서 도로에서 집으로 차와 사람이 다닐 수 있어야 한다. 대지 경계선과 도로 사이가 떨어져 있거나, 땅과 도로 사이에 인도가 있을 때 도로점용 허가*를 받는다.

배관 공사를 위한 굴착 도로점용 허가

필지 내 우·오수관을 지자체 배관에 연결하려면 땅을 파서 배관 공사를 한다. 공사하는 동안 내 땅의 우·오수관 연결을 위해 도로를 개인적으로 사용하는 것이므로 도로점용 허가를 받는다.

도로 건너편에 지자체 우·오수관이 있는 땅은 배관을 연결하기 위해 도로를 파고, 새로운 우·오수관을 추가 연결한다. 배관공사를 하기 위해 도로점용 허가(굴착)를 받는데 이때 길이가 10m 이상이면, 굴착 심의를 받아야 한다. 심의 서류를 준비하고 허가받는데 시간과 비용이 상승하므로 주의한다.

---

* 도로법 제61조(도로의 점용 허가)

1 도로와 땅이 맞닿아있다
2 지적도에 도로와 대상지 사이 빈 곳이 있는데 현장에서 보이지 않는 지적선이다. 이 땅은 굴착을 위한 도로점용 허가와 진출입로 확보를 위한 도로점용 허가를 받아야 한다. 2가지 목적으로 도로점용 허가를 받을 때는 2건에 대한 점용 허가를 모두 받아야 하며, 비용도 별도로 발생한다.

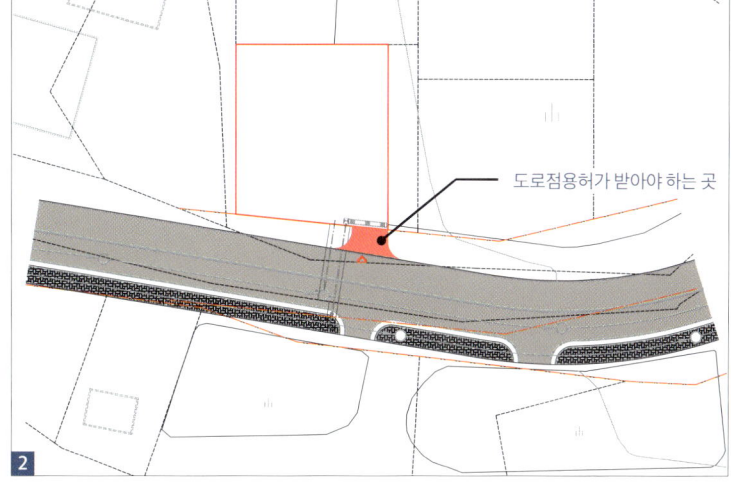

국도 옆 변속 차로 설치

변속 차로란, 일반 차도에서 바로 진입해 들어오면 교통사고 발생 위험이 있어 진입할 땐 속도를 줄이고, 빠져나갈 때는 속도를 서서히 올리도록 만든 도로다.

일반국도, 지방도, 사도, 농로, 마을 진입로 등 도로 폭이 6m*를

---

* 도로와 다른 시설의 연결에 관한 규칙 [별표 5] 변속차로의 최소길이(제8조제1호 관련)

초과하는 2차선 도로는 변속 차로를 설치한다. 건축물의 용도와 규모에 따라 변속 차로의 규모가 다르다. 도로점용자가 신청하고 공사도 해야 한다. 공사는 몇천만에서 몇억까지 비용이 추가될 수 있어서 미리 확인이 필요하다.

단, 인도가 있고 보도블록이 깔린 2차선 도로에는 설치 의무가 없다. 시설물의 설치 종류에 따라 또는 지방자치단체의 규정에 따라 설치 여부가 달라질 수 있으므로 담당 지자체에 문의하는 것이 정확하다.

배수로 위 도로만들기

배수로 위에 도로를 만들어 진출입로를 확보할 수 있다. 이때 구거점용 허가를 받는데, 목적 외 사용승인이라고도 한다.

도로의 구역 안에 건물을 짓거나, 주차장을 만들 때, 도로 이외의 목적으로 사용한다는 허가다. 땅과 도로 사이 구거(배수로)가 있을 때, 다리를 놓으면 구거 점용 허가를 받는다.

비닐하우스와 담장 설치 불법인가요?

집 앞 담장과 옹벽을 설치할 때 공작물 축조신고, 천막·컨테이너 창고 등은 가설건축물 축조신고를 해야 한다. 신고하지 않으면 벌금을 내고 철거도 해야 한다.

비닐하우스와 가설건축물 축조신고*

가설건축물은 텐트나 천막, 온실, 비닐하우스 등 '임시로 설치한 건축물'이다. 철근콘크리트 구조가 아니어야 하고 전기, 수도, 가스 등 새로운 인입 시설을 사용하지 않아야 한다. 규모에 따라 허가와 신고로 나누는데, 경우가 다양하여 건축 설계사무소나 담당 지자체에 문의하는 것이 편리하다.

가설건축물은 기존 건축물에 구조적 위험성때문에 옥상에 설치할 수 없다. 다만, 2009년 7월 1일부터 2015년 6월 30일까지, 2016년 7월 1일부터 2019년 6월 30일까지 공장 옥상에 축조하는 것은 제외한다.

가설건축물은 신고 후 3년 이내에 철거해야 하며, 만료일 14일 이내로 연장신고 할 수 있다. 신고하지 않으면 벌금이 부과되므로 주의한다.

담장과 공작물 축조신고**

땅에 붙어 설치된 것으로 담, 동상, 전봇대, 옹벽 등이 공작물에

---

* 건축법 제20조(가설건축물), 건축법 시행령 제15조(가설건축물)
** 건축법 시행령 제118조(옹벽 등의 공작물에의 준용)

해당한다. 높이 6m를 넘는 굴뚝, 높이 4m를 넘는 광고탑, 광고판, 그 밖에 이와 비슷한 것, 높이 2m를 넘는 옹벽 또는 담장 등은 공작물 축조신고를 한다. 규모가 큰 공작물은 '국토의 계획 및 이용에 관한 법률'에 따라 개발행위허가를 받는다.

건축허가를 신청할 때, 건축물의 건축에 대한 상황과 공작물의 축조신고를 함께 제출하면 공작물축조신고서를 생략한다. 신고하지 않고 공작물을 축조한 경우에는 벌금이 부과된다.

왼쪽 옹벽은 2m가 넘지 않지만, 오른쪽 옹벽은 2m가 넘기 때문에 공작물축조신고를 해야 한다. (→)

행복집짓기 7호 '목포 성문피아'

Chater.7

공사는 '이것'과 함께 해야 덜 답답하다

행복집짓기 8호 '지리산 청강원' 공사현장

도면 꼼꼼하게 확인했나요?

공사비가 상승하는 이유는 '데나오시(일본어로 다시 한다)' 때문이다. 현장과 맞지 않은 도면, 건축주의 변심이 데나오시를 부른다.

공사기간을 줄이는 꼼꼼한 도면

공사 과정이 반복되면 이미 시공된 것을 뜯어야 한다. 철거비, 새로운 자재비, 공사할 인건비, 철거된 자재 처리에 드는 쓰레기처리 비용 등이 추가된다.

또 공사가 끝나고 허가도면과 실제 공사가 다르면 '설계변경'을 해야한다. 변경된 도면을 다시 그리고, 설계변경 접수를 하는 만큼 시간과 비용이 추가된다.

예산이 넉넉하다면 도면이 정확하지 않아도 시공할 때 현장 상황에 맞춰 시공할 수 있지만, 공사 기간이 늘어나는 것은 막지 못한다. 이런 비효율성을 예방하려고 현황측량을 통해 토지의 모양과 특징을 정확하게 파악해서 설계할 때 충분히 반영한다. 도면을 꼼꼼하게 작성하여 건축주와 업체가 동일한 완성 이미지로 진행해야 공사기간을 줄여 완공할 수 있다.

3D이미지와 대화의 중요성

시공자는 주변 지형, 지물을 보고 평면인 도면을 입체로 만든다. 토지의 전체 모양과 주변 지형을 먼저 확인하고, 구조도면을 보며 입체적인 공간을 상상한다.

도면에 있는 재료와 치수를 정확하게 안다고 해서 시공되는 것은 아니다. 설계도면을 실체화하기 위해 시공 능력이 있어야 하고, 전체적인 토지의 이해도와 상상력 또한 중요한 요소이다.

부지의 이해와 이미지화는 시공자뿐 아니라 건축주도 함께 갖춰야 할 사항이며 많은 회의를 거쳐 협의와 소통을 통해 이루어져야 한다. 설계할 때 3D 프로그램을 사용하거나, PM과 함께 자재를 선택하는 과정으로 완성 이미지를 구체화시킨다.

겉으로는 같은 생각을 하고 같은 행동을 하는 것처럼 보이는 '동상이몽'은 집짓기에서 독이 될 수 있다. 집짓기에서는 같은 그림을 함께 그리기 위해 대화를 통한 소통을 꾸준히 하는 것이 가장 중요하다.

[필수]

공사 전 준비해야 할 것이 있나요?

개발행위허가와 건축신고 및 허가를 받은 후 착공신고를 해야 공사할 수 있다. 건축허가는 2년 이내*, 건축신고는 1년 이내** 착공신고를 하지 않으면 허가가 취소된다. 공사를 시작하지 못한 정당한 사유가 있다면 1년 이내에 착공 연기서를 제출해야 어렵게 받은 허가가 취소되지 않는다. ▶건축허가와 건축신고 203p.

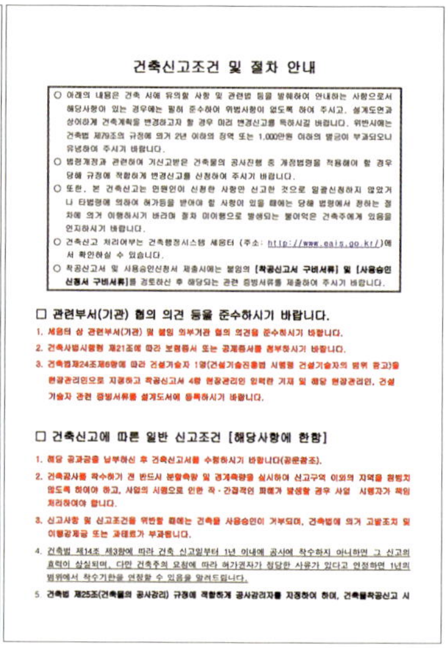

공사 전, 인허가 조건 숙지

건축허가나 개발행위허가를 받을 때 허가조건이 있다. 착공 전, 착공 중, 착공 후로 나눌 수 있는데. 산지복구설계승인 (산지일 경우), 도로점용 허가, 국 · 공유지점용 허가, 공작물(옹벽)설치 허가

■ 건축법 시행규칙 [별지 제7호서식] <개정 2018. 11. 29.>

건축 · 대수선 · 용도변경 신고필증

• 건축물의 용도/규모는 전체 건축물의 개요입니다.

건축구분	신축	신고번호	2020-건축과-신축신고-
건축주	㈜호수개발		
대지위치	화성시 마도면 송정리		
지번	44-16		
대지면적			236 ㎡
건축물명		주용도	단독주택(단독주택)
건축면적	72.78 ㎡	건폐율	30.839 %
연면적 합계	153.3 ㎡	용적률	53.2246 %

※ 「공간정보의 구축 및 관리 등에 관한 법률」에 따른 지번을 적으며, 「공유수면의 관리 및 매립에 관한 법률」 제8조에 따라 공유수면의 점용·사용 허가를 받은 경우 그 장소가 지번이 없으면 그 점용·사용 허가를 받은 장소를 적습니다

동 고유번호	동 명칭 및 번호	연면적(㎡)	동 고유번호	동 명칭 및 번호	연면적(㎡)
1	단독주택(단독주택)	153.3			

귀하께서 제출하신 건축물의 건축 · 대수선 · 용도변경 (변경)신고서에 대하여 건축 · 대수선 · 용도변경 신고필증을 「건축법 시행규칙」 제12조 및 제12조의2에 따라 교부합니다.

2020 년 11 월 일

화 성 시 장

210mm×297mm[보존용지(2종) 70g/㎡]

건축신고조건 및 절차 안내

○ 아래의 내용은 건축 시에 유의할 사항 및 관련법 등을 발췌하여 안내하는 사항으로서 해당사항이 있는 경우에는 필히 준수하여 위법사항이 없도록 하여 주시고, 설계도면과 상이하게 건축계획을 변경하고자 할 경우 미리 변경신고를 득하시길 바랍니다. 위반시에는 건축법 제79조의 규정에 의거 2년 이하의 징역 또는 1,000만원 이하의 벌금이 부과되오니 유념하여 주시기 바랍니다.

○ 법령개정과 관련하여 기신고받은 건축물의 공사진행 중 개정법령을 적용해야 할 경우 당해 규정에 적합하게 변경신고를 신청하여 주시기 바랍니다.

○ 또한, 본 건축신고는 민원인이 신청한 사항만 신고한 것으로 일괄신청하지 않았거나 타법령에 의하여 허가등을 받아야 할 사항이 있을 때에는 당해 법령에서 정하는 절차에 의거 이행하시기 바라며 절차 미이행으로 발생되는 불이익은 건축주에게 있음을 인지하시기 바랍니다.

○ 건축신고 처리여부는 건축행정시스템 세움터 (주소: http://www.eais.go.kr/)에서 확인하실 수 있습니다.

○ 착공신고서 및 사용승인신청서 제출시에는 붙임의 **[착공신고서 구비서류] 및 [사용승인신청서 구비서류]**를 검토하신 후 해당되는 관련 증빙서류를 제출하여 주시기 바랍니다.

□ 관련부서(기관) 협의 의견 등을 준수하시기 바랍니다.

1. 세움터 상 관련부서(기관) 및 붙임 외부기관 협의 의견을 준수하시기 바랍니다.
2. 건축사법시행령 제21조에 따라 보험증서 또는 공제증서를 첨부하시기 바랍니다.
3. 건축법제24조제6항에 따라 건설기술자 1명(건설기술진흥법 시행령 건설기술자의 범위 참고)을 현장관리인으로 지정하고 착공신고서 4항 현장관리인 입력란 기재 및 해당 현장관리인, 건설기술자 관련 증빙서류를 설계도서에 등록하시기 바랍니다.

□ 건축신고에 따른 일반 신고조건 [해당사항에 한함]

1. 해당 공과금을 납부하신 후 건축신고서를 수령하시기 바랍니다(공문참조).
2. 건축공사를 착수하기 전 반드시 분할측량 및 경계측량을 실시하여 신고구역 이외의 지역을 침범치 않도록 하여야 하고, 사업의 시행으로 인한 직 · 간접적인 피해가 발생할 경우 사업 시행자가 책임 처리하여야 합니다.
3. 신고사항 및 신고조건을 위반할 때에는 건축물 사용승인이 거부되며, 건축법에 의거 고발조치 및 이행강제금 또는 과태료가 부과됩니다.
4. 건축법 제14조 제3항에 따라 건축 신고일부터 1년 이내에 공사에 착수하지 아니하면 그 신고의 효력이 상실되며, 다만 건축주의 요청에 따라 허가권자가 정당한 사유가 있다고 인정하면 1년의 범위에서 착수기한을 연장할 수 있음을 알려드립니다.
5. 건축법 제25조(건축물의 공사감리) 규정에 적합하게 공사감리자를 지정하여 하며, 건축물착공신고 시

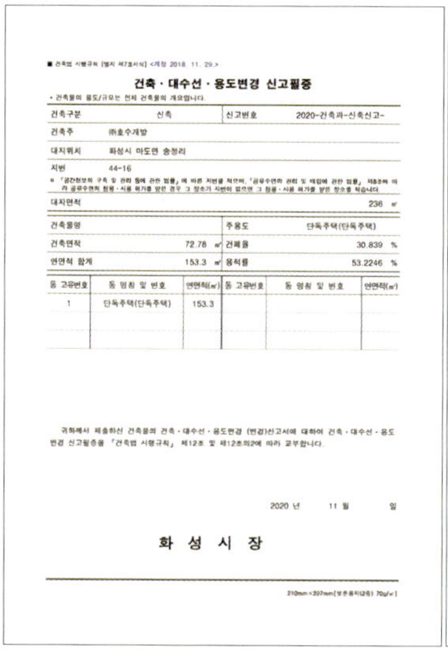

* 건축법 제11조(건축허가)

** 건축법 제14조(건축신고)

등은 공사 전에 해야 한다. 허가조건을 어기고 공사하면 과태료 부과와 행정처분을 당할 수 있다.

건축허가표지판 미설치 시에도 건축법 제24조에 따라 200만 원 이하의 과태료가 부과된다. 지자체 양식이 다르므로 담당 지자체 양식을 사용한다.

직영공사 시, 고용산재보험 가입 필수

직영공사라 하더라도 일정 규모 이상의 공사일 때는 근로자를 고용한 날 또는 착공일로부터 14일 이내에 보험 관계 성립 신고서를 근로복지공단 담당 지사에 제출해야 한다.

산재보험*

공사금액, 연면적에 관계없이 모두 의무가입

고용보험**

① 건설면허업자가 아닌 사람이 시공하는 현장이 연면적 합계 $100m^2$(30평)를 초과하면서 공사금액 2,000만 원 이상인 건축물의 공사

② 건설면허업자가 아닌 사람이 시공하는 연면적 합계가 $200m^2$(60평)를 초과하면서 공사금액 2,000만 원 이상인 건축물을 대수선 공사

③ 건설면허업자가 아닌 사람이 시공하는 공사금액 2,000만 원 이상인 공사

---

*산업재해보상보험법 제6조(적용범위)
**고용보험법 시행령 제2조(적용범위)

④ 건설업자가 시공하는 모든 건설공사

건축은 반드시 고용·산재보험에 가입한 후 시공해야 준공을 받을 수 있지만, 토목 직영공사는 고용·산재보험이 필수가 아니다. 그러나 혹시 모를 안전사고에 대비해서 가입하는 것이 옳다.

토목공사는 대형 중장비 사용으로 한 번 사고가 나면 최소 골절에서 대형 인사사고까지 이어질 수 있다. 공사 중 골절 등의 사고가 나면 치료비를 포함하여 후유증 치료도 부담해야 하는데 기한도 정해져 있지 않다. '설마 사고 나겠어?' 하는 안일한 생각은 추후 건축주의 부담이 된다.

월 2회 건설재해예방지도교육

건설현장 안전의 중요성이 커지고 있어 공사비 1억 이상, 공사 기간 1달 이상인 현장은 월 2회 건설재해예방 기술지도*를 받아야 한다. 이를 어기면 300만 원 이하의 과태료가 부과된다.

착공 시, 재해예방 기술지도 계약서 사본을 제출한다. 업체마다 차이가 있지만, 지도비용은 보통 1회당 10~20만 원 이다. ▶소규모 주택 공사 안전관리 수칙 229p.

현장대리인 계약 필수

시공 과정에서 발생하는 부실 시공 등으로 건축물 안전사고 발생 예방을 위해 공사현장에 현장대리인**을 두어야 한다. 현장소장이

---

* 산업안전보건법 제73조(건설공사의 산업재해 예방 지도)
　산업안전보건법 시행령 제59조(건설재해 예방 지도 예상 건설공사도급인)
** 건설산업기본법 제40조(건설기술인의 배치)

라고도 하며, 건설기술 자격증이 있어야 한다. 공사 기간 고용비용이 발생하며, 공사 규모와 기간 등에 따라 비용이 다르다.

토목시공현장에서 정부공사는 현장대리인이 필수이나 민간공사는 현장대리인이 필수가 아니다.

규모에 따라 감리자 선정

감리란 건축물을 새로 건축할 때 허가받은대로 올바른 공사가 이루어지는지 확인하고 감독하는 것이다. 규모에 따라 감리기준이 다르며, 감리 고용에 따른 추가 비용이 발생한다.

관리지역에서 연면적 200m^2(60평) 초과하는 '건축허가'건은 건축물의 용도와 규모에 따라 허가권자가 감리를 지정하거나, 설계자가 직접 감리한다. 연면적 200m^2(60평) 미만인 '건축신고'는 직영공사가 가능한 현장일 때 설계한 건축설계사무소에서 약식감리*할 수 있다.

소규모공사 비상주감리

소규모공사(연면적 2,000m^2미만)는 현장에 항상 있지 않고, 일부 공정에만 현장방문해서 확인하는 '비상주감리'를 하고있다. 그러다 보니 공정 품질 및 안전확보에 한계가 많다.

앞으로는 현장방문 공정과 횟수를 확대하고 감리세부기준**에 이를 구체적으로 명시하여 주요공정에 대한 품질, 안전 등을 확보하도록 규제가 강화된다. 현장관리 및 감리에 대한 법이 더욱 까다로워지고 있다.

---

* 건축법 제25조(건축물의 공사감리), 건축법 시행령 제20조(현장조사·검사 및 확인업무의 대행)
** 건축공사 감리세부기준, 2021.7.9.시행

공사 전 준비 서류

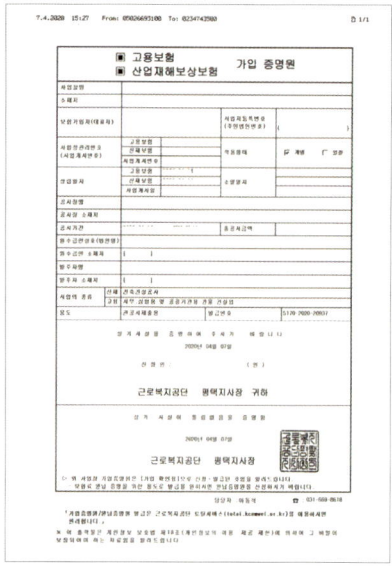

고용보험 및 산업재해보상보험 가입 증명원

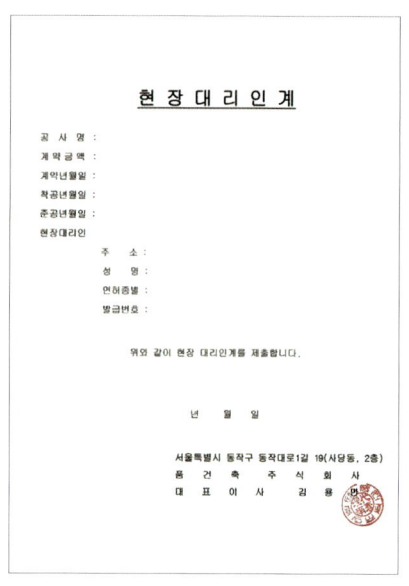

현장 대리인계

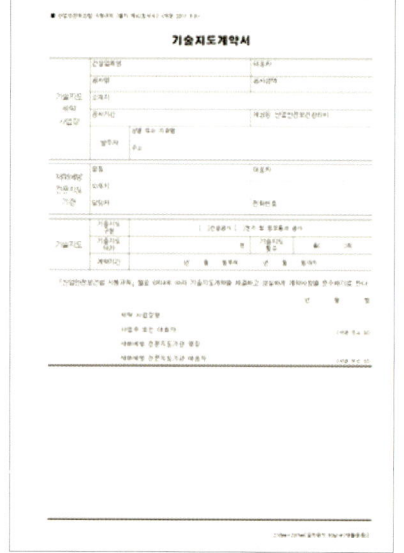

기술지도계약서

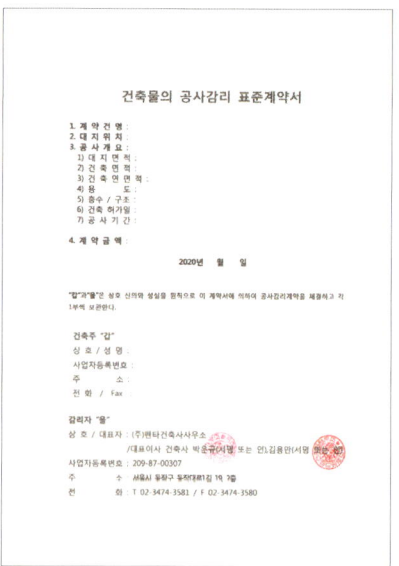

건축공사 감리 계약서

[필수]

집 짓다가 사고 나면 어떡하죠?

공사 중 안전사고가 생기면 현장은 멈춘다. 폭우가 쏟아지는 날 옹벽이 무너지는 사고가 매해 발생한다. 타인의 일이라 여길 수 있지만 안전수칙과 안전시공을 지키지 않으면 나에게도 벌어질 수 있는 끔찍한 사고다. 기본에 충실하고 서두르지 않으면 안전하게 집을 지을 수 있다.

소규모 주택공사 '건설재해예방지도교육' 의무화

관리지역에서 200m^2(약 60평) 미만의 공사는 건축주가 직접 시공*할 수 있고, 대형 건축현장과는 다르게 안전규제가 약하다. 대형 건축현장보다 소규모 현장에서 안전사고가 더 자주 발생하면서 소규모 현장도 법적 규제가 강화되었다.

최근 5년간 사고 사망자를 공사 규모별로 나누면, 공사금액 50억 미만 현장에서 발생하는 사고 사망자가 약 990명으로 전체의 72%에 해당한다. 사고사망 중상해가 가장 많이 발생하는 요소는 사다리 작업발판 사용, 비계 상부 작업 중 추락, 건설장비(굴착기, 덤프트럭, 기중기, 지게차 등) 충돌 및 전도, 양생작업 중 석탄에 의한 질식 등이다.

현장에서 사망사고가 발생했을 때, 근로자 사망 시 1년 이하 징역 또는 1억 원 이하 벌금(5년 내 재발 시 1/2 가중)이 부과된다. 직영공사는 이 같은 책임을 모두 건축주가 져야 하므로 안전관리를 확실히 하고, 반드시 보험을 들어야 한다.

비계
건축공사 시 높은 곳에서 일할 수 있도록 설치하는 임시 가설물.

* 건설산업기본법 제41조(건설공사 시공자의 제한)

공사금액 1억 원 이상 120억 원 미만인 공사현장과 건축허가 대상인 공사는 전문 지도기관의 안전기술 지도*를 의무적으로 한 달에 2번 현장에서 받는다. 공사 기간이 1개월 미만인 공사, 육지와 연결되지 않은 섬 지역(제주특별자치도는 제외)에서 하는 공사는 해당되지 않을 때도 있다.

연면적 200m^2(약 60평) 미만의 현장에서 공사금액이 총 1억 8,000만 원인 경우에 안전기술지도를 받아야한다. 건축허가 대상이어도 공사금액이 1억 원을 넘었기 때문이다. 결국, 대부분 건축현장은 안전기술지도를 받아야 한다는 뜻이다.

건설재해예방지도교육은 각 지역에 안전관리를 전담하는 업체가 있다. 1회 현장 방문 교육비는 약 10만~30만 원(2021년 기준)이다. 전체 공사 기간이 4개월이라면 1개월에 2번 총 8번 건설재해예방지도교육을 받으므로 교육비는 약 80만~240만 원 정도이다. 허가를 받을 때 건설재해예방지도교육계약서를 함께 제출한다.

현장의 작업환경 개선과 안전 확보를 위해서는 바람직한 제도 강화인데, 빠듯한 예산으로 공사를 진행하는 경우엔 부담이 된다. 그러나 앞으로 계속 건축과 안전에 대한 규제는 강화될 것으로 보인다.

▲
현장에서 발생하는 안전사고 대응 팁!
'근로자 재해보장 책임보험(근재보험)'은 필수는 아니지만, 산재보험만으로는 보상이 어려운 경우를 대비하여 들어두면 좋은 보험이다. 사고가 나지 않도록 미리 안전수칙을 따르는 것이 중요하지만 만약의 경우를 대비하여 추가 보험을 들어놓는 것도 좋다.

---

* 산업안전보건법 시행령 제59조(건설재해예방 지도 대상 건설공사도급인) 시행 2021. 1. 16.

콘크리트의 압축강도를 시험하지 않을 경우 거푸집 해체 시기*

일 평균 기온	조강 포틀랜드 시멘트	보통 포틀랜드 시멘트 고로 슬래그 시멘트(1종) 플라이 애시 시멘트(1종) 포틀랜드 포졸란 시멘트(A종)	고로 슬래그 시멘트(2종) 플라이 애시 시멘트(2종) 포틀랜드 포졸란 시멘트(B종)
20℃ 이상	2일	2일	4일
20℃ 미만~10℃ 이상	3일	3일	6일

시멘트 종류별 최소 습윤양생 기간*

일 평균 기온	보통 포틀랜드 시멘트	고로슬래그 시멘트 플라이애시 시멘트B종	조강 포틀랜드 시멘트
15℃ 이상	5일	7일	3일
10℃ 이상	7일	9일	4일
5℃ 이상	9일	12일	5일

양생시간을 충분히 확보할 것

시멘트와 물이 만나 열이 발생하며 굳어지는 것을 '양생'이라고 한다. 거푸집이라는 틀 안에 콘크리트를 부어 양생한 후, 거푸집을 해체하는 방법으로 시공한다. 이때 대기의 온도, 습한 정도에 따라 양생 기간이 다르고, 거푸집 해체 시기도 다르다.

온도가 낮은 겨울은 열이 발생하지 않아 양생속도가 느리다. 양생시간을 충분히 들이지 않으면 균열이 생기거나 강도가 약해져 콘크리트의 구조적 문제가 생긴다. 이는 곧 안전문제로 이어진다.

기후나 주변 상황에 따라 양생 기간이 달라지기 때문에, 현장감리가 안전성에 문제가 없다고 판단해야 거푸집을 해체할 수 있다.

*콘크리트 시방서 기준

건물과 옹벽이 땅에 묻힌 깊이 확인

땅속에 자기 키만큼의 뿌리가 묻혀있어 센 바람에도 뽑히지 않는 나무처럼, 옹벽도 뿌리가 견고해야 한다. 필요한 깊이만큼 옹벽을 묻지 않으면 흙의 무게를 견디지 못하고 무너진다.

땅이 어는 깊이를 '동결심도'라고 한다. 동결심도 보다 깊이 파서 집을 지어야 안전사고가 발생하지 않는다. 땅이 겨울에 얼어 부피가 커지면 건축물을 들어 올리고, 온도가 올라가면 녹으면서 건물이 내려앉는다. 그러면서 건물에 균열이 생긴다.

집을 안전하게 짓기 위해서는 건물과 옹벽이 동결심도 깊이 이하에 묻히는 것이 중요하다.

이음새를 결합하는 수밀밴드 사용

수밀밴드는 방수밴드라고도 한다. 배수로 내부에 오염된 흙이 들어오는 것을 막고, 배수로의 이음새 부분을 결합한다. 수밀밴드를 설치하지 않으면 배수로 이음새 부분으로 흙이 들어가고 물이 유출되면서 싱크홀이 생길 수 있다. 또 배수관 속으로 흙이 들어가면 배수관의 기능을 상실한다. 콘크리트관도 마찬가지로 고무로 된 밴드를 붙인다.

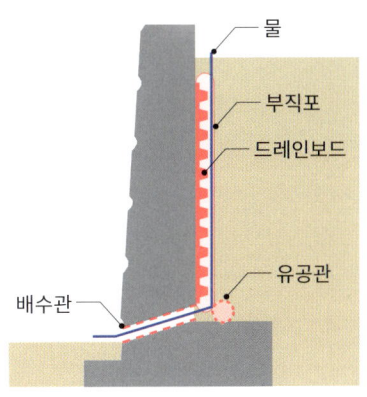

드레인보드와 유공관

드레인보드와 유공관으로 물길을 만들고, 배수관으로 흙이 유입되는 것을 막아야 배수가 제대로 된다. 막지 않으면 싱크홀이나 옹벽에 균열이 생기는 등의 안전사고로 이어질 수 있다.

드레인보드는 옹벽 벽체에 붙이는 자재다. 물이 드레인보드를 타고 아래로 흐르면, 벽체 안으로 흙이나 물이 스며드는 것을 방지한다.

드레인보드를 타고 흐른 물은 유공관 구멍을 타고 빠져나간다. 이때 부직포를 감싸 유공관 내부로 흙이 들어가는 것을 막는다. 흙이 물을 막을 수 있어 그 위에 골재(자갈층)를 쌓아 또 다른 배수층을 만든다.

1 드레인보드
2 유공관
3 유공관을 부직포에 싸고 있다

직접 공사할까요, 업체에 다 맡길까요?

지인에게 소개받은 업체는 믿을 수 있다는 생각에 구체적인 재료와 물량이 표시된 세부내역 없이 구두견적을 받아 공사하면 낭패 보기 쉽다. 용적률이나 건폐율에 포함되지 않는 다락이나 발코니는 허가면적에 들어가지 않지만 시공면적에는 들어간다. 만약 업체에 허가면적으로 평당 공사비 견적을 받으면 시공면적과 다르기 때문에 공사하면서 시공비가 상승한다.

시공업체의 "제가 알아서 잘해드릴게요, 걱정하지 마세요."라는 말을 믿고 집짓기 현장을 맡긴다. 그런데 정작 일을 시작하고 모양을 갖춰가는 집을 보니, 겉모양이나 마감재료 등 수정해야 할 것과 마음에 들지 않는 곳이 보인다. 밤새 고민하다 현장에 가서 하고 싶은 것을 이야기한다. 그런데 시공업체는 "마감 때 이야기하시지요." "비용이 많이 들어요." 등의 말을 하니 생각을 이야기하기 부담스럽다. 미지근하게 반응하는 시공업체가 서운하지만, 혹시나 잔소리처럼 들려서 성의 없이 시공할까 봐 걱정이 앞선다. 강하게 의견을 말하지 못한 채 불만이 쌓인다

시공업체는 비용을 생각하지 않고 비싼 재료를 고르는 건축주가 서운하다. 허가 면적으로 계약했는데 생각보다 시공 면적이 넓은 데다 자재도 비싼 것만 고른다. 추가비용을 낸다고 하면 기꺼이 하겠지만 금액 이야기가 없으니 손해날까 겁이 난다.

추가비용을 받기 위해 "평당 견적에서 빠져서 추가비용을 주셔야 합니다."라고 건축주에게 말한다. 300만 원, 500만 원, 1,000만 원 하다가 나중에 몇 천만 원이 되면 건축주는 처음 견적금액과 다른데 왜 내야 하냐며 다툼이 생긴다. 결국 사람도 잃고, 애써 만든 공

간도 잃는다.

지인에게 맡기더라도 구체적인 재료와 물량이 표시된 내역을 받아 계약해야 의견충돌이 생겼을 때 계약내역을 기준으로 협의할 수 있다.

일괄도급과 분할도급

'도급'은 어떤 일을 완성할 것을 약속하고, 상대방이 그 일의 결과에 보수를 지급할 것을 약정하는 계약이다. 집짓기 공사는 분할도급과 일괄도급으로 나눌 수 있다.

일괄도급은 한 업체에 공사의 모든 것을 맡기는 방법으로 종합건설업체와 계약하는 것이 일괄도급에 해당한다. 건축주는 종합건설업체에 설계도면을 제공하고, 건축물의 물량산출내역을 바탕으로 견적을 받는다. 공사현장 운영, 품질관리, 안전관리 등 집이 완성되기까지 공사 전체공정을 종합건설업체에 위임한다.

각 공정별 인력과 자재를 건축주가 조달하고 시공하는 것을 분할도급이라고 하는데, 직영공사에서 주로 활용하는 도급방식이다.

종합건설업체에 일괄도급

도급계약을 맺어 공사를 진행하면 종합건설회사의 현장대리인이 인력수급, 현장 운영 및 관리, 자재납품, 공사까지 한 번에 처리한다. 건축 연면적 $200m^2$(60평) 초과하는 비도시지역 허가대상 건축물은 법적으로 종합건설사에 의무적으로 도급해야 한다.

종합건설사와 일괄도급계약을 하면 종합건설사는 또다시 각 공종별 전문 업체에 하도급계약을 한다. 법 규정에 따라 의무적으로 발생하는 간접비용(현장소장 인건비, 현장운영비, 일반관리비, 부가세, 회사이윤 등)이 적용되어 공사비가 상승한다.

일괄공사 방식은 문제가 발생했을 때 현장대리인이 빠르게 대처할 수 있고, 책임소재가 분명하다.

현장 운영, 공사기간 관리, 품질관리, 디자인 등 시공 완성도를 높이기 위해서는 건축주를 대변하는 CM이나 감리의 역할이 중요하다.

직영공사

공사하는 건축물의 건축연면적 $200m^2$(60평)이하인 비도시지역 신고대상 건축물은 종합건설면허를 가지고 있는 건설사업자에게 공사를 맡기지 않고 건축주가 직접 시공할 수 있다.

각 공종별로 업체에 견적을 받아 직접 발주하고 임금을 지불하는 분할도급으로, 법적 의무로 발생하는 30% 이상의 간접비가 절약되어 총공사비를 줄일 수 있다. 단, 건축주가 현장소장 수준의 기술적인 지식이 있거나 기술은 조금 부족해도 공사에 100% 자신의 시간을 사용할 수 있는 경우에 가능하다.

직영공사는 현장관리와 운영, 품질관리, 안전관리 등을 건축주가 직접 하기 때문에 신경 쓸 것이 많다. 토목·구조·인테리어·미장·창호·전기·통신·설비·조명 등 공종별 이해가 필수다. 매끄럽게 공사하기 위해 공정 순서를 조율하고 팀별로 일의 우선순위를 정하는 것이 중요하다. 노련한 현장소장 만큼 실무를 잘 알지 못하면 시공업체 통솔이 쉽지 않다. 의견 차이로 생긴 현장의 불협화음으로 다시 시공하는 일이 생긴다. 추가금액이 발생하고 공사일정도 늘어나 총공사비가 상승한다.

직영공사를 성공적으로 이끄는 방법

공사현장에서 시공자의 의도를 이해하고, 잘못된 공종을 사전에

공 사 원 가 계 산 서

비목			금 액	구 성 비		비고
순 공 사 원 가	재료비	직접재료비				
		간접재료비				
		[소 계]				
	노무비	직접노무비				
		간접노무비		직접노무비*	5.90%	
		[소 계]				
	경비	운반비				
		산출경비				
		산재보험료		노무비*	3.75%	
		산업안전보건관리비		(재+직노)*율	1.97%	
		고용보험료		노무비*	0.87%	
		건강보험료		직접노무비*	3.23%	
		노인장기요양보험료		건강보험료*	8.51%	
		연금보험료		직접노무비*	4.50%	
		퇴직공제부금비		직접노무비*	2.30%	
		기타경비		(재료비+노무비)*	1.80%	
		환경보전비		(재료비+직.노+산출경비)*	0.50%	
		건설하도급대금 지급보증서 발급수수료		(재료비+직.노+산출경비)*	0.080%	
		건설기계대여대금 지급보증서 발급수수료		(재료비+직.노+산출경비)*	0.07%	
		공사이행보증수수료		(재료비+직.노+산출경비)*		
		[소 계]				
	계			재료비+노무비+경비		
	일 반 관 리 비			계*	3.50%	
	이 윤			(노무비+경비+일반관리비)*	8.00%	
	공 급 가 액					
	부 가 가 치 세			공급가액*	10.00%	
	도 급 액					
	총 공 사 비					

직영공사는 직접재료비(철근, 벽돌, 타일 등 공사에 직접 쓰이는 재료비), 직접노무비(타일 붙이기, 철근배근 등 공사를 한 인력고용 비용), 산재보험료, 고용보험료만 들어가고 간접비(현장소장, 업체 이윤 등)가 빠진다. (↑)

예방하며, 업체와 업체·건축주와 업체 간 소통을 도와 현장을 관리하는 시공조력자(CM)와 함께해야 한다.

우리나라 건설시장은 자재 품목별 금액이 공개되어 있어 자재금액으로 견적을 속이기 어렵고, 일정 부분 시공비가 평준화되어 오차범위는 5% 내외다. 시공비는 업체의 기술력, 경험, 자재 선택에 따라 다르다.

여러 업체에 견적을 받았는데 터무니없이 저렴한 곳이 있다면 빠진 항목이 있거나 상대적으로 저렴한 자재를 사용할 가능성이 크다. 그러므로 상세 내역을 확인해야 한다. 건축주 스스로 판단하기 어려우므로 CM이 견적내용을 검토하는 과정이 필요하다.

CM의 도움을 받아 토목·구조·설비 등 전문기술이 필요한 공정은 전문 업체에 맡기고 현장정리와 청소 등을 건축주가 직접 하면 비용을 줄일 수 있다.

간접비를 한 푼이라도 줄여보고자 시작했던 직영공사를 성공적으로 이끄는 방법이다.

▲
일괄도급과 부분도급의 하자관리
종합건설사에 일괄도급하는 경우에는 총공사비용이 30% 이상 상승하며, 하자이행보증증권을 발행할 수 있다.
부분도급을 주는 직영공사는 총공사비용을 30% 절감할 수 있다. 공정별 부분도급은 하자이행보증증권을 받을 수 없지만 하자이행각서는 받을 수 있다.

하자이행 보증 기간

* 자세한 내용은 건설산업기본법 시행령 [별표 4] 참조

공사별	세부공종별	책임기간
도로	① 콘크리트 포장 도로(암거 및 측구를 포함한다)	3년
	② 아스팔트 포장 도로(암거 및 측구를 포함한다)	2년
상·하수도	① 철근콘크리트·철골구조부	7년
	② 관로 매설·기기설치	3년
관개수로·매립		3년
부지정지		2년
조경	조경시설물 및 조경식재	2년
기타 토목공사		1년
건축	① 대형공공성 건축물(공동주택·종합병원·관광숙박시설·관람집회시설·대규모소매점과 16층 이상 기타 용도의 건축물)의 기둥 및 내력벽	10년
	② 대형공공성 건축물 중 기둥 및 내력벽 외의 구조상 주요부분과 ① 외의 건축물 중 구조상 주요부분	5년
	③ 건축물 중 ①·②와 제15호의 전문공사를 제외한 기타부분	1년
전문공사	① 실내의장	1년
	② 토공	2년
	③ 미장·타일	1년
	④ 방수	3년
	⑤ 도장	1년
	⑥ 석공사·조적	2년
	⑦ 창호설치	1년
	⑧ 지붕	3년
	⑨ 판금	1년
	⑩ 철물(제1호 내지 제14호에 해당하는 철골을 제외한다)	2년
	⑪ 철근콘크리트(제1호부터 제14호까지의 규정에 해당하는 철근콘크리트는 제외한다) 및 콘크리트 포장	3년
	⑫ 급배수·공동구·지하저수조·냉난방·환기·공기조화·자동제어·가스·배연설비	2년
	⑬ 승강기 및 인양기기 설비	3년
	⑭ 보일러 설치	1년
	⑮ ⑫·⑭ 외의 건물내 설비	1년

이웃 민원은 어떻게 대처하나요?

민원은 예방이 생명이다. 지자체에 민원이 들어가면 다툼이 생기거나, 공사가 중단된다. 공사하기 전 주변 이웃에게 명함을 돌리며 "공사 중 문제가 생겨 불편하게 되면 이곳으로 연락 주세요."라고 민원 제기할 곳을 사전에 알리면 최악의 상황은 면할 수 있다.

하지만 아무리 대비를 잘 해도 도로, 배수, 텃밭 등 민원이 생길 수 있다.

내 땅, 내 마음대로 하는데 왜!

평소 알고 지내던 김 교수가 조언을 요청했다.

"시골에 땅을 하나 샀는데, 앞의 땅 주인이 공사를 못 하게 도로를 막았어. 돌에, 굴착기에, 별 걸 다 도로에 쌓아놨어!"

외지인과 마을 원주민과의 충돌은 흔히 있는 일이다. 한쪽의 일방적인 문제라기보다는 서로 처지가 다를 수 있어 구체적인 상황을 물었다.

"옹벽이 도로에서 1.5m 나가있어서, 남은 폭이 2.5m야. 그런데 옆집 사람이 오더니 마을 사람들도 다니는 도로니 옹벽을 뒤로 물리라는 거야. 트랙터가 지나가려면 3m는 필요하다고."

"트랙터가 지나다닌다면, 원래 농로로 쓰던 길인가 보네요. 도로는 누구 땅이죠?"

"물론, 내 땅이지. 내 땅에 내 마음대로 옹벽 세우겠다는데 뭐가 잘못되었나?"

"원래 마을주민이 사용하던 농로에 옹벽이 세워져 길을 못 쓰게 되자, 도로를 막아 공사를 못 하게 한 상황이고요. 시에서 나와도 특별히 해줄 것이 없을 겁니다."

"경찰도 합의해서 원만하게 해결하라고만 해."

"예전에 새마을운동할 때 마을 조성을 위해서 개인 땅도 도로로 만들었죠. 당시에는 관련 법률이 없어서 기부개념으로 자기 땅의 일부를 도로로 만들었어요. 사실상 도로를 마을 사람들이 공용으로 사용하는 거죠. 옆집 땅 주인은 다들 마을을 위해서 자기 땅 일부를 내놓고 있는데 왜 당신은 마음대로 하느냐, 이런 뜻이네요."

"그럼 내가 어떻게 하면 좋을까?"

"경찰과 같은 대답을 해드릴 수밖에 없습니다. 원만하게 협의하는 게 가장 좋은 방법일 겁니다."

김 교수는 결국 2년이 지나도록 집을 짓지 못하고 있다.

김 교수가 공사 전 이웃에게 공사내용을 알렸더라면 이렇게 극단적인 상황으로 내몰리지는 않았을 것이다. 대화를 통해 합의점을 찾을 기회를 김 교수는 발로 차버린 셈이다.

도로 사용에 전혀 문제가 없던 조용한 마을에 갑자기 생판 모르는 외지인이 집을 짓겠다고 들어와서 공사를 시작한다. 무거운 지게차가 도로를 다니고, 먼지를 날리고, 소음을 내고, 도로를 점유하면서까지 옹벽을 세우면 원래 살던 사람들에겐 자연히 눈엣가시다.

모든 것을 법으로만 해결할 수는 없다. 마을 한곳에 정착해 살기 위해서는 서로 배려하는 것이 필요하다.

내 땅에 누가 마음대로 물 버리래!

상가를 짓기 위해 대지 조성공사 중인 현장에서 연락이 왔다.

"아랫집 박 사장이 배수로 때문에 민원을 넣었는데, 어쩌죠?"

"어떤 민원입니까? 자세히 말씀해 주세요."

"자연하천이 있길래 배수로를 연결하려고 했어요. 그런데 박 사장이 남의 땅 물이 자기 땅으로 흐르는 것이 싫다고 물길을 막겠답니다. 사용승낙서는 당연히 안 해주고요."

"민법에 자기 땅이어도 자연스럽게 흐르는 물을 막을 수 없다*고 되어 있습니다. 하지만 소송하면 최소 1년 이상 시간이 걸리고, 비용도 많이 들어서 다른 방법을 찾는 게 좋겠습니다."

토지이용계획확인원으로 주변 땅 지목을 확인했더니, 박사장 땅에 있는 하천은 지목이 '대지'고, 아래 땅은 '구거'였다. 사유지더라도 지목 상 구거로 되어있으면 배수로를 연결할 수 있다.

배수관이 길어지겠지만 소송하는 시간과 비용보다는 적게 들어간다. 결국 도로를 따라 배수관을 묻고, 박사장 아래 땅 하천에 배수로를 연결했다.

내가 심은 배추 뽑으려면 씨앗 값 물어내시오!

물려받은 땅에 노후를 보낼 집을 짓겠다고 상담을 한 건축주로부터 전화가 왔다.

"제 땅에 마음대로 텃밭을 만든 옆집 사람이 씨앗 값을 물어내라는 거예요! 이거 제가 물어내야 하는 건가요?"

"네, 땅은 소유하셨지만 배추나 방울토마토 같은 작물은 심은 사람 것이라 마음대로 건드릴 수 없어요."

"그럼 보상을 해 줘야 하나요?"

"집 지을 생각이 있으시니, 보상하는 게 좋습니다. 옆집이면 앞으로 공사할 때마다 민원을 넣을 수도 있어요. 시끄럽다, 먼지 날린다,

---

* 민법 제221조(자연유수의 승수의무와 권리)

쓰레기가 날아왔다… 사사건건 민원을 넣으면 집짓기 힘듭니다. 원만히 해결해야 합니다."

사소하게 보이는 텃밭 민원은 결코 사소한 문제로 끝나지 않는다. 집짓기 전부터 이웃과 사이가 틀어지면 공사는 물론, 이사 와서 살 때도 불편한 점이 많이 발생할 수 있다.

시골은 마을 사람으로 인정받아야 만족하며 살 수 있다. 그러기 위해서 공사 전부터 마을축제에 참석하고, 마을 일을 도우면서 자주 접촉을 해야 공동체의 일원으로 받아들여진다. 민원을 줄이려면 주변 이웃과 친목을 쌓아야 한다.

견적서 어떻게 보나요?

토목과 건축에서 가격을 정하는 기준은 '도면'이다. 예를 들면 '제주도 여행에 경비가 얼마나 들까?'라고 친구가 물었다. 경비를 짐작하기 위해 몇 가지 조건이 떠오른다. '출발은 어디서?' '무얼 타고 가고 싶어? 비행기? 배라면 쾌속선? 일반 여객선?' '여행 기간은?' '잠은 어디서?' 경비 측정에 대한 기준을 세우기 위한 질문이다.

견적을 받을 때 도면을 함께 주면 정확한 예산이 잡힌다. ▶타일 크기와 종류, 마루 모델명까지 도면에 표시해야 하는 이유 114p. 건설에는 매우 많은 공정과 자재가 투입되므로 견적을 빨리 내기가 쉽지 않다. '적산'이라고 하여 공사견적만 전문적으로 내는 업체가 따로 있을 정도다. 견적을 받을 때는 보통 10일 정도 여유를 둔다.

구두 견적을 피하고 서류로 주고받기

지인이나 업체에 견적을 받을 때 서류를 받지 않는 경우가 있다. 말뿐인 견적은 언제든 바뀔 수 있고 금액도 서로의 기억에 따라 달라질 수 있다. 견적은 반드시 서류로 받는다.

집에 옹벽을 쌓는데 공사도 잘하고 경력도 많은 사람이라며 지인이 추천했다. 그는 현장에 와서 눈으로 쓱 훑고는 "1,000만 원쯤 나오겠는데." 라고 했다. 미리 알아봤던 견적금액보다 저렴해서 일을 맡겼다. 그런데 공사를 하던 중에 "굴착비(땅 파는 비용)가 생각보다 더 들어갔네, 500만 원만 더 주세요" "생각보다 벽 길이가 길어서 보강토가 더 필요할 것 같네. 500만 원 더 주세요." 했다. 1,000만 원이었던 공사비가 2,000만 원이 되었다. 이미 진행 중인 공사를 다른 사람에게 맡길 수 없어 결국, 1,000만 원을 더 주고 공사를 마무리했다.

공사에 필요한 물량을 정확히 계산했다면 돈을 더 주는 일은 없었을 것이다. 공사비가 1,000만 원이 아니라 원래 2,000만 원이었는데, 도면 없이 눈으로 보고 견적을 내니 이러한 상황이 생긴 것이다.

견적서 꼼꼼하게 보는 방법

견적서에는 전체공사비가 있는 원가계산서와 공종별 세부 내용이 기재된 명세서가 반드시 포함되어야 한다.

견적서를 처음 받으면 엄청난 공사비에 놀라고 적힌 내용을 이해 못 해 머리까지 아프다. 세부내역을 모른 채 총공사비로만 따질 것이 아니라 내역을 하나하나 꼼꼼히 살펴봐야 옳은 견적인지 알 수 있다. 견적서를 읽으려면 원가계산서, 집계표, 공종별 세부내역을 알아야 한다.

원가계산서 공사에 필요한 전체비용을 정리한 서류다. 순공사비, 재료비, 인건비(노무비), 각종 보험료와 제세공과금이 포함되어 있다.

① **순공사비** 재료비와 노무비를 합친 공사에 필요한 공사비다. 보험료, 이윤, 부가세, 현장관리비 등은 제외한다.

② **재료비** 공사에 필요한 재료의 금액이다. 직접재료비와 간접재료비로 나눈다. 직접재료비는 콘크리트, 보강토, 벽돌 등이며, 간접재료비는 접착제, 끈 등의 부자재다.

③ **노무비** 공사를 진행하면서 발생하는 인건비로, 직접노무비와 간접노무비로 나눈다. 직접노무비는 중장비 비용, 현장인력비용 등이며, 간접노무비는 현장청소와 부지 정리 등 공사 외에 필요한 별도 인건비다.

④ **보험료** 산재보험, 고용보험, 산업안전 보건관리비 등이다. 건

축공사에서 산재보험과 고용보험은 필수지만 토목공사는 필수가 아니라 보험을 들지 않기도 한다. 그럴 경우 안전사고나 법적 사고가 발생하면 모든 책임을 건축주가 져야 한다. 보험료 100만~200만 원을 아끼려다 엄청난 손해를 볼 수 있으므로 보험은 반드시 들어야 한다. ▶고용보험과 산재보험 225p.

⑤ **순 공사원가** 위에 나열된 모든 항목을 합쳐 나온 금액으로 견적서는 업체마다 차이가 날 수 있다. 종합건설일 경우 전문건설업체와 산정방식이 크게 다를 수 있다.

⑥ **구성비** 구성비는 정해져 있는 비율이어서 바꿀 수 없다.

집계표 공사에 필요한 세부 내역별 종합금액을 나타낸 것이다.

공 사 원 가 계 산 서

		비목	금 액	구 성 비		비고
순 공 사 원 가	재 료 비	직접재료비				
		간접재료비				
		[소 계]				
	노 무 비	직접노무비				
		간접노무비		직접노무비*	5.90%	
		[소 계]				
	경 비	운반비				
		산출경비				
		산재보험료		노무비*	3.75%	
		산업안전보건관리비		(재+직노)*율	1.97%	
		고용보험료		노무비*	0.87%	
		건강보험료		직접노무비*	3.23%	
		노인장기요양보험료		건강보험료*	8.51%	
		연금보험료		직접노무비*	4.50%	
		퇴직공제부금비		직접노무비*	2.30%	
		기타경비		(재료비+노무비)*	1.80%	
		환경보전비		(재료비+직.노+산출경비)*	0.50%	
		건설하도급대금 지급보증서 발급수수료		(재료비+직.노+산출경비)*	0.080%	
		건설기계대여대금 지급보증서 발급수수료		(재료비+직.노+산출경비)*	0.07%	
		공사이행보증수수료		(재료비+직.노+산출경비)*		
		[소 계]				
		계		재료비+노무비+경비		
		일 반 관 리 비		계*	3.50%	
		이 윤		(노무비+경비+일반관리비)*	8.00%	
		공 급 가 액				
		부 가 가 치 세		공급가액*	10.00%	
		도 급 액				
		총 공 사 비				

공 종 별 집 계 표

품 명	규 격	단위	수량	재 료 비		노 무 비		경 비		합 계		비 고
				단 가	금 액	단 가	금 액	단 가	금 액	단 가	금 액	
			1									
0101 01 건축공사			1									
010101 공통 가설 공사			1									
010102 가 설 공 사			1									
010103 토 및 석축, 옹벽공사			1									
010104 철근콘크리트공사			1									
010105 조 적 공 사			1									
010106 석 공 사			1									
010107 타 일 공 사			1									
010108 수 장 공 사			1									
010109 방 수 공 사			1									
010110 금 속 공 사			1									
010111 미 장 공 사			1									
010112 창 호 공 사			1									
010113 유 리 공 사			1									
010114 도 장 공 사			1									
010115 부 대 공 사			1									
010116 골재비및운반비			1									
[합 계]												

토목공사 집계표는 토공사, 배수공사, 포장공사, 조경공사 등 어떤 현장이냐에 따라 집계표 내역이 달라질 수 있다.

건축공사집계표는 가설공사, 토공사 및 지정공사, 구조공사, 조적공사, 돌공사, 타일공사, 수장공사, 방수공사, 지붕공사, 미장공사, 창호공사, 유리공사 등으로 공사에 따라 세부항목이 다르다.

공종별 세부 내역서

견적서에서 가장 중요한 것이 내역서다. 내역서는 각 시공단계에 필요한 재료와 수량이 정확하게 적혀있다. 내역서를 통해 자재와 수량이 공사 규모에 적합하게 들어갔는지 확인한다.

전문지식 없이 올바른 내역이 사용됐는지 확인할 수 없다. 시공과정과 재료에 대한 이해가 있어야 내역서를 제대로 볼 수 있다. 짧은 기간에 공부해서 내역서를 보는 것은 어려우므로 견적내용의 합리성을 판단해 줄 조력자가 필요하다. ▶CM의 역할 60p.

품 명	규 격	단위	수량	재료비 단가	재료비 금액	노무비 단가	노무비 금액	경비 단가	경비 금액	합계 단가	합계 금액	비고
010101 공통 가설 공사												
조립식가설울타리/E.G.I철판	H=2.4, 8개월	M										
콘테이너형 가설사무소 설치 및 해체	2.4*6.0*2.6m, 8개월	개소										
콘테이너형 가설창고 설치 및 해체	2.4*6.0*2.6m, 8개월	개소										
010103 토 및 석축, 옹벽공사												
터파기/토사	보통, 굴삭기 0.7m3	M3										
토사 운반/단지내	보통, 덤프 15ton(적재 굴삭기 0.7m3)	M3										
되메우기/토사, 두께 30cm	보통, 굴삭기 0.7m3+래머 80kg	M3										
석축공사	H=1500	M										
콘크리트 옹벽	H=3500	M										
010104 철근콘크리트공사												
철근콘크리트용봉강	철근콘크리트용봉강, 이형봉강 (SD400), HD10	톤	46.67									
철근콘크리트용봉강	철근콘크리트용봉강, 이형봉강 (SD400), HD13	톤	86.54									
철근콘크리트용봉강	철근콘크리트용봉강, 이형봉강 (SD400), HD16	톤	30.92									
철근콘크리트용봉강	철근콘크리트용봉강, 이형봉강 (SD400), HD19	톤	27.5									
철근콘크리트용봉강	철근콘크리트용봉강, 이형봉강 (SD400), HD22	톤	87.55									
레미콘(구체)	25-24-15	M3	2351									
레미콘(구체)	25-27-15, 노출콘크리트	M3	156									
레미콘(무근)	25-18-12	M3	208									
레미콘(버림)	25-18-8	M3	153									
합판거푸집 설치 및 해체	보통 4회, 수직고 7m까지	M2	2247									
합판거푸집 설치 및 해체	복잡 3회, 수직고 10m까지	M2	49									
합판거푸집 설치 및 해체	보통 4회, 슬래브(경사도 20°미만)	M2	66									
합판거푸집 설치 및 해체	제물치장 1회, 수직고 7m까지	M2	348									
합판거푸집 설치 및 해체	송판치장 1회, 수직고 7m까지	M2	758									
합판거푸집 설치 및 해체	경사면	M2	79									
합판거푸집 설치 및 해체(기둥)	원형,1회	M2	34									
유로폼 설치 및 해체	복잡, 수직고 7m까지	M2	429									
유로폼 설치 및 해체	보통, 수직고 7m까지	M2	4125									
유로폼 설치 및 해체	간단, 수직고 7m까지	M2	222									
철근콘크리트타설		M3	2507									
무근콘크리트타설		M3	359									
지수판설치 - PVC 봉접	PVC, H200*5t	M	895									

공종별 세부내역서(↑)

참조

도면을 가지고 정확하게 견적을 냈다면 추가 비용이 생길 확률이 낮다. 그러나 현장 상황이 어떻게 바뀔지는 누구도 예상할 수 없기에 시공물량에 따른 견적 외 변경 수량 및 금액을 '참조'에 기재한다.

공사 세부항목

※ 집 규모와 시공방법에 따라 적용되는 항목이 다르다.

공종		세부항목
공통 가설 공사	현장에 필요한 임시 설비	가림막, 조립식울타리, 컨테이너 사무실 및 창고 등
가설공사	공사준비에 필요한 임시 설비	비계, 동바리, 거푸집, 안전시설 등
토공사	현장 터를 다지는 공사	터파기, 토사(흙)운반, 되메우기
배수공사	필지 내 우오수 공사	배수관, 정화조(있을 경우)
석축 및 옹벽공사		석축공사, 콘크리트 옹벽 등
구조공사	철골구조, 목구조, 철근콘크리트 구조	레미콘, 거푸집, H빔, 목재 등
조적공사	벽돌을 쌓는 공사	콘크리트벽돌, 벽돌운반, 블록보강쌓기, 용접철망 등
석공사	돌을 가공하고, 붙이는 공사	계단 대리석, 외벽 석재마감 등
타일공사	타일을 붙히는 공사	적고벽돌타일 본드 붙이기, 샤워실 타일 붙이기, 아트타일 붙이기 등
수장(마감)공사	건축물 내부(바닥, 벽, 천정)마감, 마무리	벽면 목재 붙이기, 벽면 도배 등
방수공사	건물 내외부 방수	방수프라이머, 우레탄도막방수, 발수재, 실리콘, 방수모르타르, 시멘트 액체방수, 배수판, 부직포 등
금속공사	금속재료의 가공 및 설치	문 손잡이, 평철난간, 알루미늄 몰딩, 트렌치(도랑 모양의 콘크리트 구조물) 등
지붕공사		징크, 아스팔스쉬글, 스패니쉬 기와, 하지작업 등
미장공사	벽, 바닥 공사	모르타르, 콘크리트면 정리, 바닥 난방배관 등
창호공사	창문, 문 공사	시스템창호, 알루미늄창호, 자동문센서, 방충망, 도어록, 잠금쇠, 걸쇠 등
유리공사		복층유리, 삼중창, 유리 끼우기, 유리주위 실리콘 등
도장공사	페인트 공사	에폭시 코팅, 세라믹페인트, 수성페인트 등
부대공사	난방, 배수, 전기, 가스 등 설비공사 전 준비공사	
조경공사		잔디, 나무, 생울타리, 현무암판석설치, 운반비 등
설비공사	난방, 위생, 급수, 급탕	보일러, 위생시설(우오수관)
전기공사	실내외 전기시설 설치	조명, 전등, 콘센트, 스위치, 인터폰 등
목공사	나무를 재단하고 붙이는 공사	툇마루, 데크, 외부정자, 서까래 등
기타공사	에어컨 등	

tip. 집짓기 설계부터 준공까지

	1개월						2개월						3개월						4개월			
	5	10	15	20	25	30	5	10	15	20	25	30	5	10	15	20	25	30	5	10	15	20
건축토목설계	━	━	━	━	━	━	━	━	━	━	━	━	━	━	━	━	━	━				
건축토목인허가									━	━	━	━	━	━	━	━	━	━				
착공신고																			━	━		
가설공사																					━	
토목 및 구조물공사																					━	━
토공사																					━	━
구조공사																					━	━
방수공사																						
지붕공사																						
창호공사																						
수장공사																						
외장공사																						
도장공사																						
타일공사																						
금속공사																						
미장공사																						
포장/ 부대공사																						
전기통신공사																				━	━	
위생설비공사																				━	━	
조명공사																						
위생도기공사																						
주방가구공사																						
조경공사																						
준공청소																						
준공검사 접수																						

※ 1층 190㎡(57평) 철근콘크리트 주택 기준이며, 전체 일정은 기후에 따라 증감될 수 있다.

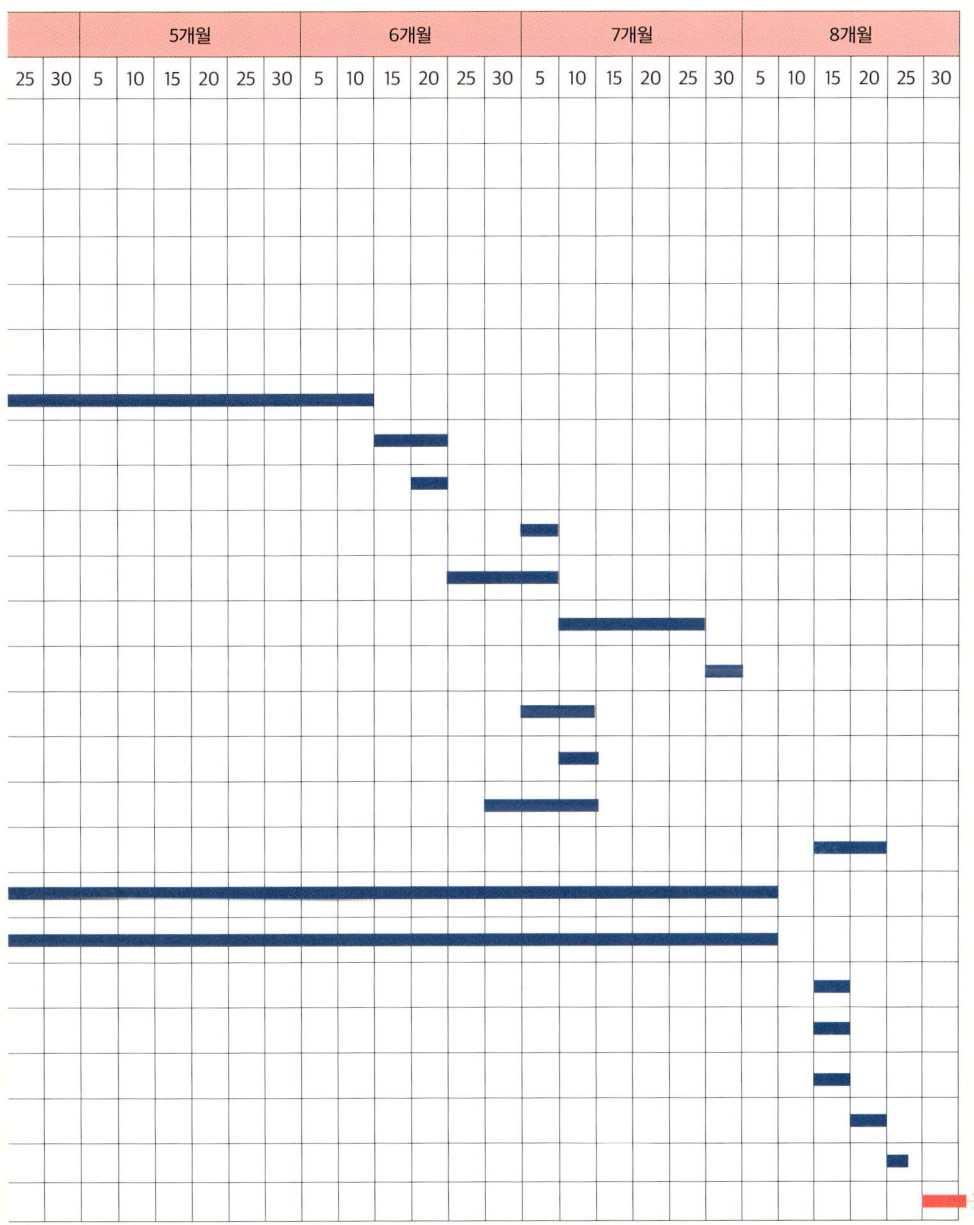

번외

아름다운 타운하우스를 만들자

누구나 살고 싶은 타운하우스 어떻게 만들까요?

개발해도 되는 땅일까

대상지는 3m 도로와 접하지만, 건축법상의 도로로 인정받지 못해 1m 확장해서 4m 도로로 만들어야 한다. 확보할 1m 도로가 사도여서 소유주의 사용승낙서가 필요하다.

기존 마을에서 관습적으로 사용하는 배수로에 새로운 배수관을 연결한다. 연결할 부분의 일부가 사유지여서 $72m^2$(21평)를 매입했다.

1 지적도
2 위성사진으로 본 필지
3,4 현황도로
5,6 경사도

임야는 평균경사도를 확인한다. 지자체 조례에 따라 평균경사도 15도를 넘지 않아 허가받을 수 있다. 그러나 평균 12-14도의 가파른 경사지여서 경사지 극복을 위한 설계를 해야 한다.

경사지 바로 아래의 기존 마을에 공사 중 소음이나 분진 발생에 대한 민원이 생길 수 있어 민원대비방안을 마련한다.

계획관리지역으로 건폐율 40%, 용적률 50~100%, 4층 이하 건물을 지을 수 있다. 단독주택 건축 가능하지만, 주택일 경우 면적 5000㎡(1,512평) 이상, 건물이 10호 이상일 때 개발행위허가 도시계획심의를 받아야 한다.

도시계획심의는 개발행위와는 별도로 심의위원에게 개발행위를 위한 합당한 이유와 방법을 설명해야 한다. 심의 과정은 오래 걸리고, 비용도 발생한다. 택지개발 전 이 같은 법규를 파악해야 사업 진행이 원활하다.

메인 타켓 정하기

과천~봉담, 비봉~매봉 고속도로가 있어 사당역까지 차량 50분이면 도착한다. 송산마도 IC와 가까워 고속도로 진입이 편리하고, 화성과 안산을 연결하는 안산교 신설로 안산생활권이 되었다. 한양대학교 에리카(안산캠퍼스)가 있어 학교 교직원이 관심을 보일 가능성도 있다.

핵심 대상을 초중생 자녀를 둔 40~50대 부부 4인 가족, 혹은 한양대학교 교직원 가족으로 하고, 화성시 주민보다는 안성이나 평택 쪽에서 화성으로 이사하려는 사람을 대상으로 한다.

마을 컨셉 정하기

붉은색 덩굴장미와
푸른 나뭇잎이
바람에 흔들리는
장미꽃이 아름다운 마을

덩굴장미가 아름답게 자라는 마을, 반려동물과 함께 마당에서 뛰어놀고, 나뭇잎과 잔디가 있는 거리에서 산책하는 풍경을 담는다.

마을을 설계할 때 집도 같이 계획해야 조화롭고 아름다운 마을을 만들 수 있다. 설계가 어렵다면 재료와 컨셉을 지정하는 가이드라인을 제시한다.

중심없이 한옥, 콘크리트 집, 흰색 벽 집, 나무 집 등 중구난방으로 들어서면 어수선해진다. 미관을 잃은 마을에 사는 사람은 삶의 만족도가 떨어진다.

1 반려동물과 산책하는 길
2 자녀의 감성을 키울 수 있는 덩굴장미 벽
3 옹벽 네모 공간에 화분을 놓아 나만의 정원 만들기

마을 컨셉 스케치

3D로 보는 택지설계

01 기획하기

설계사무소, 토목설계사무소와 모여 법규 검토와 진행 중 주의사항 등을 확인한다. 지목변경에 따른 개발행위허가와 농지전용허가, 도로 사용에 따른 점용허가, 용적률과 건폐율 등을 검토한다. ▶기획하기 56p.

02 측량하기

현장에 가서 도로 폭, 하천 폭, 우·오수 시설, 경사도, 전봇대의 위치, 주변 현황 등을 확인하는 현황측량을 한다. 완료된 현황측량으로 도면을 그린다. 건축설계사무소는 현황도 위에 필지가 나눠진 도면을 받아 건축설계에 들어간다.
이때 택지의 모양, 형태, 쓰임, 그리고 법적 가능 여부를 토목설계사무소, 건축설계사무소와 협의하며 다듬는다.

03 땅 설계하기

대지와 주변·경사·도로·건축물과의 관계를 검토한다. 현황측량한 수치를 기반으로 땅의 모양을 만든다. 비탈길 면이 동쪽을 향해 이른 아침 햇빛이 깊숙이 들온다. 시화호 방면에서 불어오는 바람이 지형을 따라 상승하고, 대지 경사면의 방풍 역할로 온화한 기온을 유지하는 땅이다.

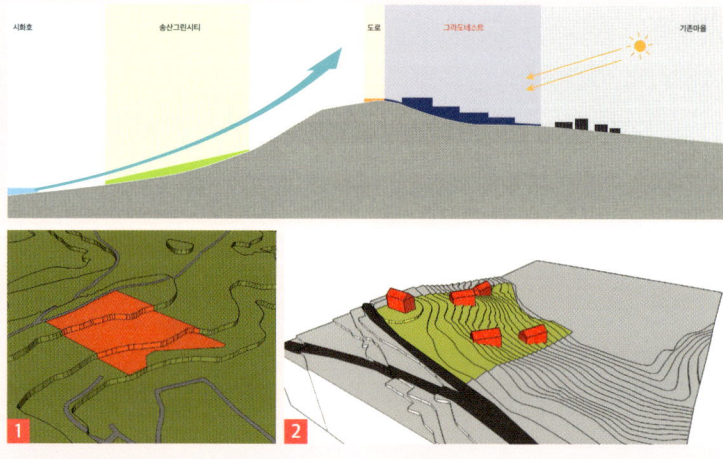

1 땅 경사도를 만들기
2 땅의 특징 파악하기
등고선을 5m 간격으로 자세히 만들고, 기존 도로와 건물을 앉혔을 때의 느낌을 본다. 경사지기 때문에 지하공간을 활용할 수 있는 마을 단지를 만든다.

03 땅 설계하기

3 도로와 필지를 나누기
Z자형 도로를 만들어 경사를 줄인다.

4 필지 평수대로 자르기
25~30평인 주택을 짓는다고 가정했을 때, 건폐율 40%인 대상지의 상황을 고려하여 1필지당 300~400㎡(90~121평)로 나눈다. 소비자 선택의 폭을 넓히기 위해 땅의 모양을 고려하여 필지가 90~110평까지 다양한 평수가 나오도록 계획한다.

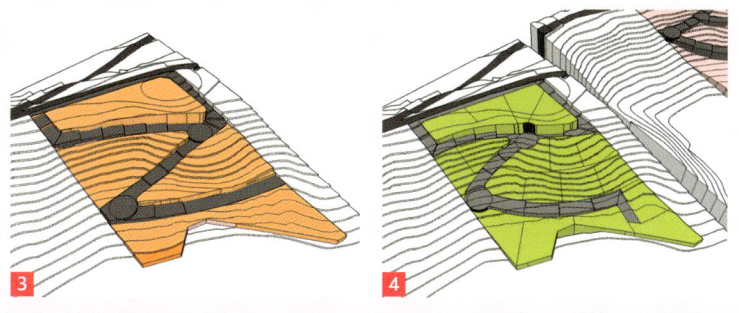

5 폭 6m 넓은 도로
손님, 친척이 와도 주차할 수 있도록 6m의 넓은 도로를 계획한다. 기존 세대당 1~2대 이외에도 마을 내 여유공간에 주차 할 수 있다.

6 남쪽을 향하는 도로
남향의 햇빛이 도로를 따라 마을 안으로 충분히 들어올 수 있도록 햇빛길을 내어, 겨울철 도로에 얼음이 얼어 미끄러지는 상황을 방지한다.

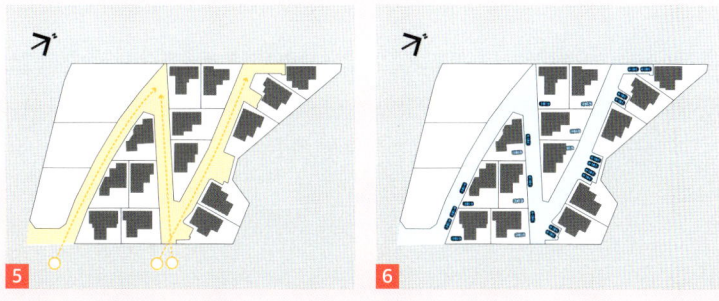

7 도로와 필지의 높낮이 검토

도로보다 필지를 높게 만들어 외부 시선을 차단한다. 높아진 필지의 일부분을 지하로 활용하여 실사용 면적을 넓힌다. 지하주차장을 만든다.

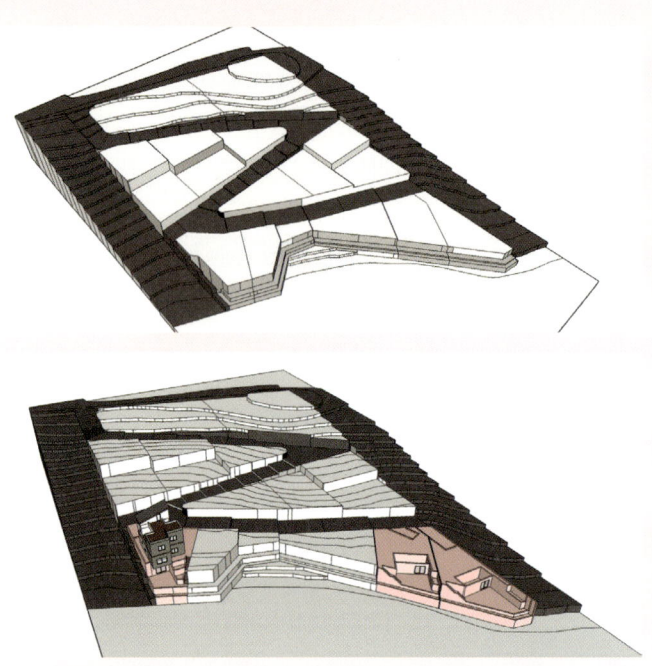

별채

경사지형을 활용하여 거주자의 라이프스타일에 맞는 공간을 만든다. '별채'는 취미생활, 사무작업, 업무공간 등으로 활용할 수 있다.

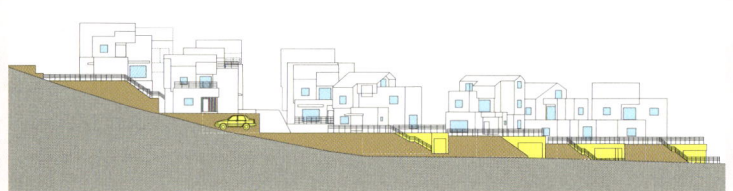

건축설계

8 필지 위 건축설계

테라스, 다락 등의 서비스면적을 확보하여 현대적인 느낌이 나도록 설계한다. 1층 25~30평, 총 45~50평 건축물로 다양한 평수와 타입별 건축의 형태를 다르게 한다. 경사지를 활용한 지하 공간을 만들어 나만의 공간, 별채 등으로 활용한다. 테라스, 다락, 옥상정원 등의 공간을 확보한다. 마당 공간의 활용으로 텃밭, 플랜트 박스 등을 둘 위치를 만든다.

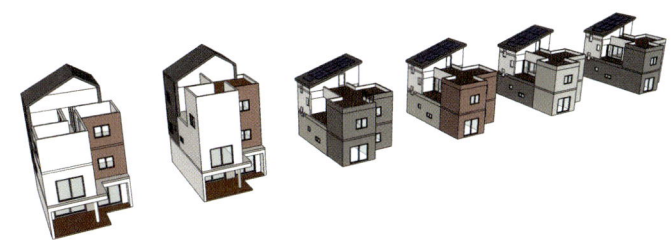

9 대지 위 건축물 최종 배치

아름다운 마을, 자랑하고 싶은 마을, 장미가 활짝 피는 마을, 반려동물과 함께 뛰놀수 있는 마을, 나만의 공간이 있는 집, 넉넉한 테라스, 햇빛 가득한 어머니 품 같은 아늑한 집 설계가 완성되었다.

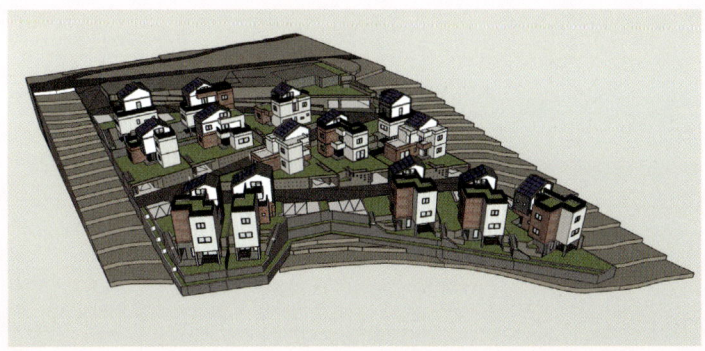

소득세
개인이 얻은 소득에 부과하는 세금. 예를 들면 1년 전에 산 3억 원에 산 아파트를 1년 후 4억 원에 판다면 1억 원의 차익을 얻는다. 이 차익 1억 원에 대한 세금이 바로 소득세다.

공제
세금 받을 것에서 일정 금액을 빼는 것

매도
파는 것

매입
사는 것

본격적인 사업 준비

임대 혹은 매매를 위해 택지 개발할 때는 소득세 일부를 공제받도록 '법인사업자'를 등록하는 것이 유리하다. 이때 설계용역비용, 공사비용 등에 대한 세금계산서를 발행해 지출증빙자료서를 제출한다. 분양이 끝나면 소득세를 내는데, 소득세는 공제받을 수 없다.

사업 시작 전 자세한 내용을 세무사와 상담한다.

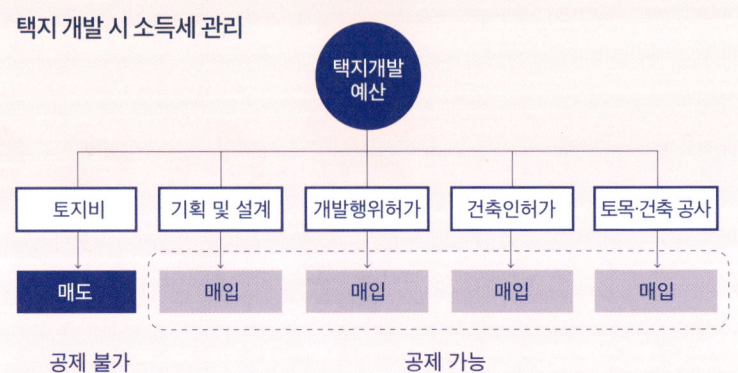

택지 개발 시 소득세 관리

개인 vs 법인 과세 세율

	과세표준	세율
종합소득세	1,200만 원 이하	6%
	1,200만 원 초과 4,600만 원 이하	72만 원+(1200만 원 초과 금액의 15%)
	4,600만 원 초과 8,800만 원 이하	582만 원 +(4,600만 원 초과 금액의 24%)
	8,800만 원 초과 1억 5천만 원 이하	1,590만 원+(8,800만 원 초과 금액의 35%)
	1억 5,000만 원 초과 3억원 이하	3,760만 원+(1억 5,000만 원 초과 금액의 38%)
	3억원 초과 5억원 이하	9,460만 원+(3억원 초과 금액의40%)
	5억원 초과 10억원 이하	1억 7,460만 원+(5억원 초과 금액의 42%)
	10억원 초과	3억 ,8460만 원+(10억원 초과 금액의 45%)
법인세	2억 이하	과제표준의 10%
	2억 초과~200억 이하	2천만 원+(2억원 초과 금액의 20%)
	200억 초과 3천억원 이하	39억 8천만 원+(200억원 초과 금액의 22%)
	3000억원 초과	655억8천만 원+(3천억원 초과 금액의 25%)

소득세법 제55조(세율), 법인세법 제55조(세율)

산지전용허가 및 개발행위허가

대상지가 임야여서 개인이 산지를 매입하여 개발하겠다는 '산지전용허가'를 받는다. 허가받기 위해서 대체산림자원조성비(훼손된 땅을 복구할 수 있는 비용)를 낸다.

산지전용허가를 받기 위해서는 산림조사서를 작성한다. 산림조사서란, 나무의 비율·수종·나이 등을 조사하는 것이다. 산림조사기관에 의뢰하며, 비용은 건축주가 부담한다. 단, $660m^2$(199평) 이하의 땅은 산림조사서를 제출하지 않아도 된다.

앞서 이야기했던 도로 사용승낙서와 개발행위허가에 필요한 기타 서류를 산림조사서와 함께 제출하고 허가받는다.

토지분할

허가받은 후, 착공신고를 받고 공사한다. 공사가 끝나고 준공허가를 받은 뒤, 토지분할을 신청하면 지적도에 분할된 토지가 나온다. 건축허가를 받지 않아서 지목이 변경되지 않았지만 건축물을 짓고 지목변경을 신청하면 지목이 '대지'로 바뀐다.

타운하우스 택지조성공사 과정

벌목하기

자기 소유의 산이어도 산에 있는 수목을 자르려면 산림법에 따라 시장, 군수 또는 지방산림관리청장에게 신고 또는 허가를 받는다. 또 훼손된 산지를 어떻게 복구할 것인지에 대한 계획도 제출한다. 신고 또는 허가를 받지 않고 벌목하면 처벌받을 수 있다.

벌목 중 무덤이 나오면 어떻게 할까?

주인이 있는 연고 무덤과 주인이 없는 무연고 무덤에 따라 대처 방법이 다르다. 연고 무덤은 주인을 찾아가 무덤을 옮기겠다는 허가를 받아야 한다. 무연고 무덤은 택지 근처에 무덤 주인을 찾는다는 현수막을 건다. 일정이 기간이 지나도 연락이 없으면 무덤을 들어내도 되는데, 전문적으로 하는 업체가 있다. 함부로 파헤치기보다는 전문업체에 맡기는 것이 좋다.

땅 다지기

성토와 절토를 하면서 땅을 다진다. 지반을 단단하게 다져야 건축물이 무너지는 것을 방지한다.

구조공사
- 보강토 옹벽

땅 경계는 보강토 옹벽으로 하고, 마을 단지 내 구조는 콘크리트 옹벽으로 한다.

1 보강토 옹벽을 세울 라인을 따라 땅을 판 후 보강토 블럭을 쌓는다.
2 필요한 높이 만큼 보강토 블럭을 쌓는다.
3 그리드를 깔아 배수층을 확보한다
4 자갈 등으로 마무리한다.

구조만들기
- 콘크리트 옹벽

1 철근으로 구조물을 만들고 거푸집을 덧댄다.
2 바닥 콘크리트 타설한다.
3 바닥 콘크리트 타설 완료 후 벽체를 만들기 위한 헌치를 댄다.
4 벽을 세우기 위한 거푸집을 덧댄다
5 벽에 문양거푸집을 덧대어 콘크리트면에 문양을 새긴다.
6 콘크리트 옹벽 완공

매립공사

1 단지 내 우·오수를 마을의 배수시설로 연결하는 배수관이다.
2 우수저류수조는 비상용수나 소방용수로 사용하려고 빗물을 저장해 놓는 곳이다. 눈에 보이지 않아도 반드시 설치되어야 하는, 이른바 물 저장소다.

3 단지 내 배수관을 묻고 있다.
4 하늘색은 상수, 검은색 관은 우수관이다.

도로포장

1 콘크리트 포장 후 패턴크리트를 찍었다.
2 우수가 흐를 수 있는 배수로 위 그레이팅을 설치했다.
  그레이팅은 배수로 위로 사람이나 자동차가 지나다녀야 할 때 사용한다.

대지조성 완료

옹벽에 패턴을 찍었다. 지하주차장을 만들었고 그 위에 건축을 할 수 있다. 지하주차장에서 집으로 올라가는 길이 어둡기 때문에 구멍을 만들어 빛이 들어갈 수 있도록 시공했다.

tip. 공구리가 뭐죠? 현장에서 쓰는 말

이런 말

공뚜 하나, 육따블 하나 들어옵니다.

이렇게 바꿔요
소형 굴착기(0.3W) 하나, 중형 굴착기(0.6W) 하나 들어옵니다.

헤베당 1만 2천 원이에요.

1 제곱미터(㎡)당 1만 2천 원이에요.

오늘은 여기서 시마이합시다.

오늘 업무는 여기서 끝냅시다.

콘크리트 3루베가 필요합니다.

콘크리트 3㎥이 필요합니다.

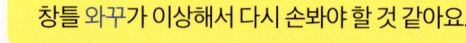
창틀 와꾸가 이상해서 다시 손봐야 할 것 같아요.

창틀의 전체적인 형태가 이상해서 다시 손봐야 할 것 같아요.

타일 와리 좀 맞춰주세요.

 타일 줄눈을 똑바르고 균형 있게, 삐뚤거리지 않게 나눠주세요.

거푸집 설치 완료했습니다.

 콘크리트를 부을 수 있는 틀을 다 만들었습니다.

화장실에 젠다이를 설치해 주세요.

 화장실에 선반을 설치해 주세요.

오늘은 공구리 칠 겁니다.

 오늘은 콘크리트를 타설할 겁니다.

오늘은 땅 나라시 작업을 해야겠어요.

 오늘은 땅을 고르게 펴는 작업을 해야겠어요.

시골땅 집짓기 성공해부학

초판 1쇄 발행 2021년 4월 19일
초판 3쇄 발행 2023년 11월 15일

지은이 김용만, 박은일, 정해광
기획 도서출판 품
펴낸곳 품건축(주)
임프린트 도서출판 품
편집 & 디자인 김선희

출판등록 2016년 12월 26일 제25100-2016-000077호
주소 서울특별시 동작구 동작대로1길 19, 2층
전화 02-3474-3582
팩스 02-3474-3580
도서출판 품 전자우편 poommaul@naver.com

ISBN 979-11-973810-1-0

* 이 책의 판권은 지은이와 도서출판 품에 있습니다.
* 책값은 뒤표지에 있습니다.
* 잘못된 책은 구입하신 서점에서 교환해 드립니다.
* 도서출판 품은 품건축(주)의 임프린트 브랜드입니다.